辽宁省自然科学基金（2019-ZD-0658）
辽宁省教育厅科学研究项目(LJKZ0590)

城市道路交叉口交通信号优化方法

邢岩　刘伟东　刘阳　范姗姗／著

吉林出版集团股份有限公司
全国百佳图书出版单位

图书在版编目（CIP）数据

城市道路交叉口交通信号优化方法 / 邢岩, 刘伟东, 刘阳著. -- 长春 : 吉林出版集团股份有限公司, 2021.12

ISBN 978-7-5731-0763-3

Ⅰ. ①城… Ⅱ. ①邢… ②刘… ③刘… Ⅲ. ①城市道路—交叉路口—交通信号—自动控制 Ⅳ. ①U491.5

中国版本图书馆CIP数据核字(2021)第239937号

CHENGSHI DAOLU JIAOCHAKOU JAIOTONG XINHAO YOUHUA FANGFA

城市道路交叉口交通信号优化方法

著　　者	邢　岩	刘伟东	刘　阳	范姗姗		责任编辑	刘晓敏	
出版策划	齐　郁					封面设计	雅硕图文	

出　　版　吉林出版集团股份有限公司
　　　　　（长春市福祉大路5788号，邮政编码：130118）

发　　行　吉林出版集团译文图书经营有限公司
　　　　　（http://shop34896900.taobao.com）

电　　话　总编办 0431-81629909　营销部 0431-81629880/81629881

印　　刷	长春市华远印务有限公司	开　　本	787mm×1092mm　1/16
印　　张	11.25	字　　数	200千
版　　次	2022年6月第1版	印　　次	2022年6月第1次印刷
书　　号	ISBN 978-7-5731-0763-3	定　　价	68.00元

印装错误请与承印厂联系

目　　录

1 绪 论

1.1 研究意义

近年来,我国的经济发展逐渐加快,综合国力增强,一方面加速了城市交通机动化出行,同时也增加了城市道路的交通压力。早期城市道路的建设已经很难满足现有机动车的需求。全国各大城市的交通拥堵,交通环境污染,交通能源消耗等问题十分普遍,这与现在倡导的"绿色城市"发展理念背道而驰。信号交叉口决定了整个城市的交通运行并在城市路网中起着至关重要的作用,信号交叉口的通行效率是确保城市路网运行通畅的关键。传统高效的交通管理措施和信号控制可显著提高城市路网的运行效能[1]。

交通瓶颈通常是导致路网交通拥堵乃至区域性交通锁死的关键因素,对瓶颈拥堵进行主动防控和快速疏解,可有效提升路段乃至路网的运行效率。然而管理者在面对交通瓶颈问题时,往往处于被动局面,出现"头疼医头、脚疼医脚"的情况,难以制定有效解决方案,甚至会出现方向性排队上溯或瓶颈转移扩散。那么交通瓶颈问题究竟为何会出现?如何才能掌握交通瓶颈拥堵的形成演化规律,如何在城市管理控制过程中避免因决策失误而导致更严重的交通问题,保证城市的运转效率成为现如今重要一环。

1.1.1 采用交叉口主动预控制的意义

目前交通问题的日益严峻,对交通控制提出了以下几点要求:

(1)提高瓶颈识别的辨识度和准确性;

(2)实现瓶颈控制方案的主动性;

(3)保证控制效果的可靠性和实效性。

交通信号其智能控制系统已成为城市交通的重要一环,通过可靠、科学的信号智能控制改善系统的控制水平是改善城市交通压力的重要途径,虽然,中国许多城市已经引入或开发了信号控制系统,并且在城市交通中一定程度上提高了交通整体运行效率,但是其理论深度、技术以及信息整合方面,仍存在一些不足之处,主要体现在在高峰情况下的交通拥堵的改善效果一般。控制系统虽存在自适应模块,但检测设备不足,其限制因素较多,对城市高峰交通控制主要以负责人员经验方案设置为主,缺乏依据动态交通数据的信号优化配时,难以实现控制方案最优效果;缺少要科学的交通拥堵状态采集和控制子区划分方法,多采用干线协调,主观干扰具有很大影响;缺乏对不同状态交通流向拥堵衍化严重性的具体分析,单一的控制方法,控制对象多为干线,很难对现有交通拥堵区域整体进行解决。故在不忽略瓶颈交叉口、路段的交通拥堵问题基础之上,需要从空间整体路网的角度出发,将区域分成交通子区来为研究对象,打破交叉口及干线间的信号控制枷锁,在瓶颈交叉口建立的交通子区基础上,通过信息采集获取实时变化的交通流信息,对拥堵的产生、扩散、转移有一个良好的观测和判断,依据实时的数据作为支撑来调整方案的运行,把握交通流之间供需的平衡,在拥堵初期对交通流加以动态管控,实现拥堵的精准预防,使其消失于萌芽状态。

城市交通的主动预控制以瓶颈点入手,通过控制边界来协调内部交通流的运行,以达到最大化减轻交通压力的作用。首先瓶颈点的识别可有效地寻找到交通流向拥堵方向衍化的初始点,数据的采集是一切管理手段的基础,通过初始点确定控制边界,利用信息采集设备获取动态实时信息,通过交通流参数来快速识别拥堵,并调整所在区域的交通流分布和方向,为后期交通策略提供数据支撑。

针对现有人工时段划分拥堵的滞后性,缺乏主动性以及交通流的动态变化适应性,主动预控制在拥堵初期插入可有效地遏制拥堵向恶发展的态势,对可变周期以及不可变周期状态下交通流的控制方案进行分析,在瓶颈点达到控制阈值时插入相应的控制方案,控制方案的变化可更大程度的匹配交通流的变化规律,同时增大交叉口放行能力并与周边交叉口进行协同考虑,防止发生瓶颈点转移,保证本交叉口放行需求的同时兼顾周边交叉口,使整体的交通流状态达到最优化。

1.1.2 采用相邻短距离交叉口信号协调控制的意义

1.城市交通现状

随着社会现代化进程的加快,城市道路愈来愈趋于饱和,现有的交通基础设施已经不能满足日益增长的交通需求。尤其高峰期间的城市道路交通拥堵现象日益严重,这不仅会导致出行者将更多的出行时间浪费在行车过程中,还会导致汽车能源损耗,造成环境污染。同时,交通拥堵还会增大交通事故的发生率。因此,减少交通拥堵是改善城市交通的重要措施,造成交通拥堵主要有以下两个方面:

(1)现有的交通基础设施与交通需求严重不匹配

(2)现有的交通管控方案不适合当前道路的运行状况。

由于城市道路交通规划受到了土地资源利用的限制,我国的城市道路中虽然存在着许多短距离交叉口,但通过增加交通设施来改善交通现状的解决方案投资大啊、耗时长,显然不是最理想的,对道路交通进行合理的管理与控制才是解决城市交通现状最有效和经济的方法。

2. 短距离交叉口的特殊性和局限性

在我国许多城市中,都存在着一些平面短距离交叉口,虽然数量有限,却往往成为城市道路交通拥堵的难点。目前对于城市单个长距离的交叉口控制研究已非常成熟,然而,由于城市规划布局的滞后性和与交通需求增长的不平衡性,在各中小城市或大城市的老城区出现一些空间距离临近且连接道路长度较短的信号控制交叉口,这些交叉口之间具有很强的相关性。

相邻短距离交叉口由于长度的限制在高峰期间极易发生排队上溯现象,但是短车道并不一定会导致短车道效应的发生,它是道路、交通、管理条件综合作用的结果。由于短距离交叉口之间相互作用、相互影响,拥堵的交叉口也会影响到周边相邻交叉口的运行状态,从而产生拥堵蔓延,严重时使整个区域路网交通"瘫痪"。因此有必要对相邻短距离交叉口之间的关系进行研究。

3. 现行短距离交叉口的控制研究优缺点分析

常见的城市短距离交叉口一般是中小城市或大城市的老城区的次干路或者支路,周边环境复杂,交通流集散频繁,相邻短距离交叉口的几何结构、交通流量存在较大差异。为了将它们协调起来,一般采用相邻短距离交叉口关联度信号协调控制方式,即考虑交叉口间距、车道数、上下游交通流流向特征、信号周期、车辆离散性等因素对交叉口关联度的影响进行分析。

相邻短距离交叉口关联度信号协调控制方式的应用提高了相邻短距离交叉口的通行效率,但仍然存在以下缺陷:

(1)大多数关联度研究都是基于某一状态下的,然而即使同一条道路在不同时间段的交通流运行规律也不一样;

(2)只是单纯的考虑影响因素对关联性的分析,并没有做到两相邻短距离交叉口间真正的信号协调优化研究;

(3)绿波带类别划分不清晰,未将绿波带分类、组合,没有做到相邻短距离交叉口间协调绿波带宽度最大。

1.1.3 采用公交钩型左转弯交叉口信号控制的意义

交叉口禁止左转在提高交叉口通行效率的同时却限制了有左转需求的公交车的正常通行。在禁止左转的交叉口,小汽车的车身较窄,可以轻松地在道路上找到合适的区域完成调头和绕行从而到达目的地。但是公交车的体积要比小汽车大的多,所以在交叉口附近完成调头将会比较困难,而且公交车需要按照既定的路线行驶,绕行过远将增加公交车的行程时间。在这种情况下,钩形左转弯作为一种新型的左转车流通行方式,为在禁左交叉口公交车的左转问题提供了解决思路。

钩型左转弯的原理是:在交叉口中,左转车辆借助直行相位分两阶段完成左转。第一阶段:直行车辆开始通行时,左转车辆随着直行车流进入交叉口内部的待行区停车等待;第二阶段:当下一相位绿灯启亮时,待行区内的左转车辆完成左转。由于其行驶的轨迹类似于钩子的形状,因此被定义为钩形左转弯,这种组织设计已在澳大利亚墨尔本被广泛使用。因此,本文针对钩形左转弯这一特殊的交通组织,以公交车为研究对象提出交叉口的自适应信号控制方法,在确保公交车正常行驶的前提下,极大限度地减少对社会车辆的影响,提高交叉口的通行能力。

1.2 国内外交叉口信号控制研究现状

单点信号控制与协调信号控制的流程均是根据管控条件下的交通流运行状态,描述和搭建交通流模型,然后对控制参数进行优化。城市交通管控对象主要分为三种:单点控制、干线协调控制以及区域协调控制。通过国内外研究现状的分析,可以看出国外在关键路径识别、交通分区和信号控制三个方面的研究时间较早,并经过持续改进和优化。相对较成熟的理论逐渐组合形成了系统架构,在实际交通信号控制中取得了良好的效果。与国外相比,我国在这些方面的研究时间较晚。国内专家学者根据前人的研究成果,结合我国实际交通流量的特点,对交通控制算法进行了优化和改良。但是关于信控的交通影响因素众多,信号控制优化算法很难在实际交通应用中发挥理论作用。因此,交通信号控制仍有很大的改进和增长空间。

已有的城市短距离交叉口信号控制方法研究一般是根据渠化、交通流量和信号配时之间的相互关系,对路网上存在的短距离交叉口路段从关联度、排队长度和通行能力等方面保证拥堵的消散,然后利用软件对控制效果进行模拟评价,保证车流畅通有序的运行。

由于城市路网交通呈现常态化的饱和态势,相邻短距离交叉口在城市交通管理中已成为难题,国内外学者越来越重视对短距离交叉口协调控制的研究。通过信号控制使上游交叉口协调方向车流尽量不停车的通过下游交叉口,从而提高车辆运行速度和道路通行效率。短距离协调研究主要考虑避免排队上溯和提高车流的通行效率,本书系统分析相邻短距离交叉口的车流特性,解析短距离交叉口内在协调关联度,建立基于预防排队上溯的绿波带宽度计算模型。

现有的国内外研究成果为本书研究相邻交叉口信号控制优化奠定了坚实的基础,但仍存在以下几方面的不足:

(1)对短距离交叉口的界定描述比较模糊,大多数关联度研究都是基于某一状态下的,只是单纯的考虑影响因素对关联性的分析,并未剖析交通流运行规律对交叉口关联度的影响和两相邻短距离交叉口间真正的信号协调优化研究。同时,城市路网中的交通流具有时空分布特性,不同的时间段呈现的交通运行状态不同,因此研究基于交通运行数据下的相邻交叉口动态关联度在一定程度上更准确的描述相邻交叉口之间的关系。

(2)在短距离交叉口协调控制中,以往研究中的相邻交叉口都在执行公共周期,而关于双周期协调控制的研究却很少。而且大多数关于短距离交叉口协调控制的研究都未将直行与左转相位分开考虑,未能实现真正意义上的绿波带宽度最大,从而达到协调效果最优的效果。

目前通过非常规组织设计提高信号交叉口的通行能力正逐渐成为交通工程领域内的重点研究问题,不同类型的非常规信号交叉口的通行规律具有显著差异,对于其他非常规左转车流组织设计的研究成果无法直接应用于公交车钩形左转弯设计中。目前针对交叉口钩形左转弯设计的研究主要以机动车为研究对象,而且国内外针对钩形左转弯的相关研究依然较少。当前的研究主要包括钩形左转弯交叉口的信号配时优化及通行能力分析两个方面。在对国内外的相关研究现状进行归纳总结后,可以发现:

(1)所有关于钩形左转弯的相关研究的研究对象均是机动车。现如今,越来越多的交叉口实施禁左控制,公交车完成调头在空间、时间上均存在一定的困难。目前针对公交车钩形左转弯的自适应信号控制的相关研究仅仅靠调整全红时间来实现。但是由于全红时间的设置有很多局限性,所以我们不再依托于调整全红时间而是从相位入手对公交车钩型左转弯交叉口的自适应控制方法进行研究。

(2)当前研究并没有针对某一交叉口提出详细且完整的非模型求解类的交叉口自适应控制方案,自适应控制相关参数也没有明确的研究。将从以上两点入手,从渠化方案到自适应信号控制方案到控制效果评价等全面研究实施公交车钩型左转弯交叉口的相关内容。

2 城市交叉口主动预控制理论基础

2.1 主动预控制含义

主动预控制即在瓶颈拥堵形成前实现预防瓶颈产生。通过交通流态势的推演,选取适合的交通指标来标定预控制阈值,并通过边界界定来分析影响范围,在瓶颈发生前合适的时间点上插入预控制方案,实现相邻周期内基于相位差和绿灯时间的自优化控制方法,建立主动预控制方案与常规方案间的平滑过渡方法,使交通流实现平稳过渡,避免控制方案引起的交通状态剧烈波动。从而有效改善传统交通瓶颈控制控制方案不及时而产生的交通拥堵。

主动预控制主要包括瓶颈前交通态势研判、预控制范围推演、自优化主动预控制方案、主动预控制方案与常规方案过渡分析四部分。是通过有效、及时预测和研判未来的交通状况,准确估算刚进入交通拥堵状况的交通流和拥挤状况的变化,并指导交通流量在道路网络上均衡分配。在瓶颈形成之前进行快速疏导。当道路网由轻度拥堵过渡到中度拥堵时,说明存在节点放行和供给的情况达到基本饱和的状态,在这个状态下上游的通行需求继续累加,同时下游得不到一个合理的疏散,会致使车辆产生积压易造成交通瓶颈的产生。为保持供需均衡时主动预控制需在轻度拥堵时介入,在对现有交通流影响最小的前提下,以达到疏散交通压力的作用。

2.2 现有应用方法

主动预控制与传统过饱和控制存在一定相似性,但所需控制的交通状态时段不同,整体理论和控制方法仍存在一定差异,针对交通态势研判、控制范围确定、单点交叉口控制及方案的过渡切换现已有人展开研究,下面将对现有应用方法进行简要介绍。

2.2.1 交通态势研判

交通流有复杂的时空性,交通参数的预测对主动预控制策略具有重要意义,交通参数有其规律性,也有其不规律性,规律性体现在工作日的早、平、晚高峰这个时段的状态突变,周一及周五交通流的增大,不规律性指每天同一时段交通流状态都存在波动,交通态势研判可更清晰捕捉路网状态变化,做到提前预警、主动预防。现有对交通流预测方法主要包括以下三种:①神经网络模型;②非参数回归模型;③支持向量机模型,下面会对三种方法做简要介绍:

(1)神经网络模型

神经网络是一种非线性,非参数的数据初始化建模技术,基于大量数据训练而确定的拓扑结构,以 BP 神经网络为例来介绍。

BP 是神经网络的经典学习方法之一,在误差方向上传播的多层前反馈结构组成了梯度下降的基本思想。使用梯度搜索技术使网络的最终输出值与预期输出值目标为最小误差和均方误差,总包含由输入层,隐含层和输出层组成,并且存在一个或多个隐藏层。每层由多个平行的神经元组成,同一层中的神经元彼此独立,相邻层中的神经元彼此连接[53]。独个的神经元结构如图 2.1 所示。

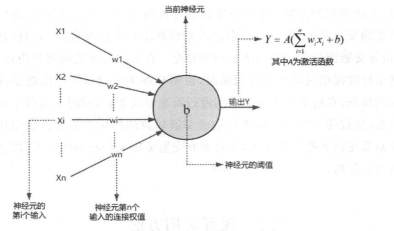

$$Y = A(\sum_{i=1}^{n} w_i x_i + b)$$

其中A为激活函数

图 2.1　单个神经元结构

基本的 BP 网络包含信号正向传输以及误差反向传输两个进程。对于正向传输,包含在输入层中的数据在隐藏层及其非线性转换过程之后被传输到输出层。如果结果与预期输出不匹配,则将其转发到错误反向传输过程。从输出层到输入层,权重和阈值逐层调整以减少梯度误差。经过反复训练和训练后,确定与最小误差相对应的权重和阈值。标准的 BP 网络结构如图 2.2 所示。

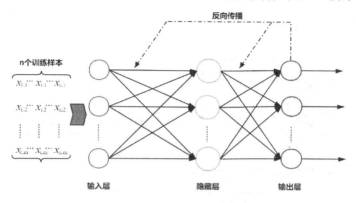

图 2.2　BP 神经网络结构图(2)非参数回归模型

非参数回归模型是一种完全依靠数据驱动的数据挖掘类算法,本文以 K－NN 算法为例来作简要介绍,K－NN 具有误差小及分布好的特点,方法在使用初期,要对其建立大量样本数据来做数据库[54]。依据所需参数来设置模型。具体操作为记 t 时刻其交通参数值 x_t,在历史数据库同时的参数值 x_t^{ki}(t 为历史数据中的样本标号),记本天前 n 时刻到现在时刻 t 状态向量为 $U=(x_{t-n}, x_{t-n+1}, \cdots, x_t)$,在历史数据中同时段状态向量为 $U=(x_i^{ki}, x_{i-n+1}^{ki}, \cdots, x_i^{ki})$,其算法如式(2.1)所示:

$$x_{t+1} = \frac{\sum\limits_{i=1}^{K} \omega_i x_{t+1}^{ki}}{\sum\limits_{i=1}^{K} \omega_i} \tag{2.1}$$

式中:ω_i——历史状态 i 时刻的权重系数;

　　　 K——紧邻的历史状态数。

预测模型主要基于下面几点:

①U 与 U^{ki} 近似程度越好,x_{i+1} 与 x_{i+1}^{ki} 越相近;

②附近的历史状态产生的差异性可表示 x_{i+1} 的随机性;

③当前的状态集合 U 与历史相同时间点上的状态 U^{ki}($i=1,2,\cdots,n$)有重复性。

K－NN 算法核心为找寻历史上相同时间点状态最近的历史数据,在确定好 k 及状态向量后,给予最优化去匹配附近的集合来得到详尽的输出数据。

(3)支持向量机

支持向量机对于处理数据是基于统计学习的识别方式,其与神经网络存在一定的类似性,有三层结构分成输入层、中间层以及隐含层。中间层为样本输进来的与其对照的支持向量内积,输出层为多个中间层内积的线性集合[55]。支撑向量网络图如图 2.3 所示:

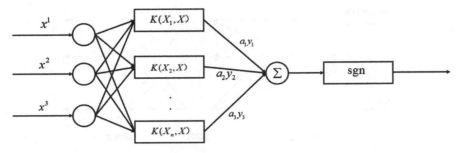

图 2.3　支撑向量网络图

支持向量机是一种采取分类整合非线性数据的方法,主要使用诸如高斯之类的核函数在高维特征空间和低维输入空间的特征进行转换,并旋转向量内积。用于充分利用您的优化理论及构建决策函数,使用内核函数替换高维空间中的点积。这简化了计算过程并巧妙地解决了问题。解决数据挖掘维度问题。挖掘算法没有解或最优解,因为支持向量机最终将计算命题转换为凸二次规划命题。根据结构风险最小化的原则,构造了支持向量机的目标函数,函数 VC 的大小也采用最大间距的概念来减小函数集的 VC 维度并确保提升能力。基本思想是找到最佳分类线,并将样本数据分为两类。在图 2.4 中,两个样本编号以不同的形状表示。D 是将两种类型的样本分开的最佳分类表面,称为分类超平面,D1 和D2 是平行于 D 的平面,D1 和 D2 最接近 D,并且 D1 和 D2 到 D 平面的距离之和称为最大分类间隔。如果分类后的样本数达到最大分类,则可以确保间隔和最小可靠性范围,此时,真实的风险也能够达到最小。

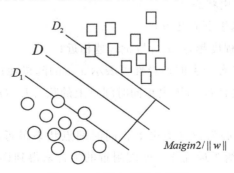

图 2.4　支持向量机分类图

根据结构风险最小化的原则设计分类模型,设计函数集让每个子集的训练误差归为零,并在子集内找到使训练经验风险最小的函数,即最优函数。选择的步骤是有序降低风险的原则。支持向量机的最佳分类线不仅对样本进行了划分,以最大程度地减少经验风险,而且即使将泛化极限的置信区间最小化,也可以使两个类别之间的分类差距最大。$(x_i, y_i) i = 1, \cdots, n, y \in (-1, +1)$,分类面如式(2.2)所示:

$$W \cdot X + b = 0 \qquad\qquad (2.2)$$

式中:$W \cdot X$——内积;

b——标量。

满足式(2.2)的样本称为支持向量,且支持向量的目标函数使其在约束下更可靠,并最大程度地降低了相应的经验风险。这是将 SVM 的风险有序最小化的核心思想。

2.2.2　控制范围推演

通过预控制初始交叉口,建立瓶颈影响范围模型,界定影响边界。基于交叉口间关联度来控制交通子区的划分,依照一定的原则和限制,合理的生成主动预控制范围,并充分结合路网轻度拥堵状态时的交通特性,合理选择关联度模型相关因素,量化相邻节点间的连接紧密程度,建立多因素作用影响下的相同等级状态的相邻节点关联度计算模型,通过子区自动控制算法。

现有研究大多基于路口间的关联度模型,后文会做具体阐述,并采取子区自动化划分策略。将对子区划分基础方法遍历搜索方法进行阐述,流程如图 2.5 所示,遍历搜索算法指对路网中内所有交叉口按其一定顺序进行划分,判断相邻交叉口是否满足其条件和约束,若满足则可并入其中,流程如图 2.5 所示:

遍历搜索算法:

(1)用 $G = (V, E)$ 来表达道路网,V 表示集合以内交叉口,E 表示集合以内路段。

(2)将路网内交叉口通过关联性依照顺序合并路网内交叉口。

(3)若交叉口存在与其相近的交叉口,依据其限制条件来判定与其临近的交叉口是否可与该交叉口纳入同一控制子区,满足限制条件,将该交叉口放入此控制子区同时搜索其他临近交叉口;不满足限制条件,将该临近交叉口放回路网。

(4)继续对其它临近交叉口进行计算,返回步骤(3),知道无交叉口与子区内交叉口连接,删除已划分的交叉口,继续其他控制子区搜索。

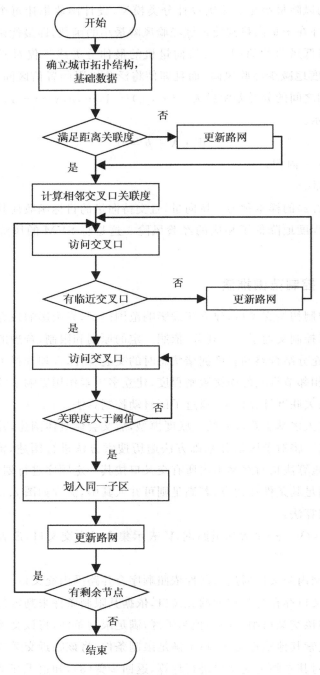

图 2.5　遍历搜索流程图

(5)如果无相邻交叉口,则将此交叉口进行单点控制,并在路网中删除该交叉口,更新网络结构。

(6)判断是否有剩余交叉口,若有,进入步骤(2),若无,进入步骤(7)。

(7)结束划分。

2.2.3 单点自优化控制方案

针对触发瓶颈控制的交叉口,以交叉口放行的通行能力合理化为优化目标,通过调整周边交叉口之间的供需平衡,协调相邻周期内的相位绿灯时间及相位差,优化瓶颈的持续时间,均衡交叉口间的交通负荷,实现主动预控制对识别的瓶颈进行优化。

针对主动预控制方案主要分一下三种分别为需求优化、供给优化和需求—供给优化,对于需求优化、供给优化和需求—供给优化三类瓶颈控制方法,其主要适用条件分别如下:

(1)同时满足下述几个条件时启用需求优化:

①控制中心与信号机之间数据传输故障;

②上游交叉口未触发瓶颈控制。

(2)同时满足下述几个条件时启用供给优化:

①控制中心与信号机之间数据传输正常;

②下游交叉口未触发瓶颈控制;

③上流交叉口已触发瓶颈控制或已参与其它瓶颈交叉口的协调控制。

(3)同时满足下述几个条件时启用需求—供给优化:

①控制中心与信号机之间数据传输正常;

②上游交叉口未触发瓶颈控制;

③下游交叉口未触发瓶颈控制。

根据适用条件及优化效果的差异,三类控制方式的优先级次序为:需求—供给优化、需求优化、供给优化。

2.2.4 主动预控制方案与常规方案过渡分析

当预控制方案已到预期效果时,交叉口基本达到畅通状态,需对新介入的控制方案采取切换至常规方案,明确主动预控制方案与常规方案之间的周期以及相序差异性,在采取主动预控制的一段时间后,确认达到预控制到达方案解除的条件,实施对于常规方案过渡,保证整体方案切换的平稳快速,避免因方案的变化而导致的交通流剧烈变化。

本文以 CORSIM 平台的经典过渡算法为例,对配时方案过渡进行介绍。

(1)Immediate 法(直接过渡法)

Immediate 法是在一个周期内通过增加主路绿灯时长直至满足新相位差要求,完成新的协调控制。若新旧配时方案的周期时长不变时,系统时间参考点(系统时间参考点是指交通信号控制系统绝对时间表示的配时方案相位差的基准点)只因相位差的差异而不同,这种情况下的配时方案过渡过程相对简单,只需满足新旧相位差的差异。当新配时方案相比于旧配时方案的周期时长和相位差都发生变化时,必须考虑不同周期时长情况下的系统时间参考点和相位差的差异,这种情况下的配时方案过渡过程较为复杂。额外绿灯时长由新旧配时方案系统时间参考点的差值和新旧相位差的差值共同组成。CORSIM 针对 Immediate 法提供了两种过渡途径。第一种在过渡路径中,需要根据主时序计划的绿信比及周期长度来增加主干路上的绿色时间,以满足新的相位差要求;第二个迁移路径根据新时序计划的绿信比及周期长度来完成新的方案调整。

(2)Add 法、Substract 法及 Shortway 法 PHam.

区别于直接过渡法,Add 法、Substract 法及 Shortway 法在新配时方案的周期时长的基础上,将额外绿灯时长要求按照新配时方案绿信比分配给每个相位,同时将过渡方案周期时长的改变限定在一定范围之内(通常选取新配时方案周期时长的 20%)。PHam.

与 Substract 法相比,Add 法在新配时方案周期时长的基础上,通过增加方案时长弥补新旧配时方案系统时间参考点的差异;与 Add 法相反,Substract 法在新配时方案周期时长的基础上,通过减少方案周期时长来完成新的协调控制。在实际计算中,两种方法的旧配时方案执行时间相同,区别在于 Add 法的新配时方案执行时间需要大于旧配时方案执行时间 Substract 法则相反。值得注意是,由于 Substract 法通过减少相位绿灯时长来完成配时方案过渡,在实际应用中,特别在高峰时间易造成车辆堆积致使道路拥堵。

与 Add 法和 Substract 法相比,直接过渡法仅仅通过增加主路绿灯完成新的协调,特别是 Immediate 法,容易致使协调相位绿信比过长,让其他方向车辆增加过多等待时间,交叉口综合延误增加。Add 法和 Substract 法则是将额外绿灯时间按照绿信比分配到每个相位,可以避免主路绿灯过长。

2.3　主动预控制相关参数

主动预控制是从交通状态分析到控制方案的一整套控制流程,将对主动预控制的相关术语参数进行简要介绍:

(1)主动预控制阈值

主动预控制阈值是交通流由畅通向轻度拥堵过渡过程中主动预控制方案切入的时间点,以 PI 值去综合考虑所研究交通状态下参数的变化特性,并通过聚类分析来求得交叉口主动预控制阈值。

(2)滚动时间检测

将固定检测器设于排队阈值处,通过车身长度与速度阈值的的比值,来求得所被占用的时间阈值,为保障检测的真实有效性,采取连续多个滚动时间来检测阈值的触发。

(3)交叉口关联度

交叉口关联度指两个交叉口间内在的联系的紧密性,主动预控制的关联度加入了更适宜当前状态的参数考量。

(4)主控预控制边界

主动预控制边界指围绕交叉口所需控制的范围,对于交叉口的主动预控制其影响范围不仅仅局限于本交叉口,势必会对周边交叉口造成影响,通过协调控制范围内的周边交叉口,缓解主控点的交通压力也避免瓶颈转移。

(5)主动预控制方案

主动预控制方案指阈值触发后运行的交通控制方案,通过本交叉口及周边协调来共同缓解交通瓶颈点的压力,对主动预控制方案主要分为可变周期及不可变周期两种形式,更大程度上模拟线形

(6)主动预控制方案切换

主动预控制方案切换指主动预控制方案与常规控制方案间的过渡,保障两个控制方案切换的平稳顺畅,防止因主动预控制方案导致交通流的剧烈波动。

2.4　主动预控制策略

针对交通拥挤的主动预控制理念是基于被动控制提出来的。从字面理解来

说,被动控制是一种适应性有所延迟的控制方法,是交通拥堵发生后采用的一种响应控制策略,由于它属于"事后控制",控制的难度较大,控制效果一般差强人意。而相对来提出的主动预控制则研究交通量随交通流在拥堵初期的规律,在此规律的基础上路网控制自区内交通流的均衡为控制策略,使交通拥堵在初期得以消散,避免大范围的拥堵的发生。总体来说,交通主动预控制是指利用道路现有的交通检测设备可得到在线的数据,以系统优化为导向,对道路交通的可变控制设施设备包括可显示设备、信号设备、自动栅栏等一系列进行控制的进程,实现实时可调节道路的供给以及需求的作用。与传统被动交通控制对比来说,主动预控制的方案考虑了现有控制方案影响下交通流状态的衍化趋势,体现控制方案的预防特性。主动交通控制通常主要集中在交通流量的需求管理上,在本文中,将考虑基于短期交通状况的预测,进行动态加载信号方案的变化,据此制定适合的控制方案,控制手法主要依靠交叉口信号控制,与被动控制主要区别在于"事前控制"。

2.4.1 主动预控制流程

城市交通拥堵问题的严峻性日趋明显,除了交通控制手段的跟进,也要对交通流内在的关系进行探讨,主动预控制意在拥堵前进行控制,要对交通流的衍化规律进行探究,分析不同交通状态下车流的变化规律,选取交叉口瓶颈发生前的时间段内加以控制,加深子区的概念,打破传统交叉口及干道间的壁垒,实现相近路口最优化控制,子区内的控制手段依据交通状态进行调整。主动预控制通过实现事前控制来缓解交通流直接进入瓶颈期的交通压力,可有效缓解由平峰期进入高峰期的拥堵,具体流程如下:

首先,基于建立完整交叉口及路段状况的观测方法,分析交通流态势的衍化,可以成为后续交通拥堵控制方案赢得预控制的主动性,实现拥堵瓶颈的主动预控制以及精确疏导;可为后续的主动预控制策略提供有效的数据分析支持,并在轻度拥堵前启用控制策略,有目的性的制定方案控制范围划分,合理选择交通影响区域,其次,对单个交叉口进口采取拥堵瓶颈的处置、周边交叉口协调处置交叉口瓶颈问题、多个拥堵点所行成的区域性拥堵问题的解决方案并不是孤立单独的,交通瓶颈态势的变化为交通主动预控制策略提出了自适应优化的要求,本文从瓶颈发生的预控制到瓶颈的疏导控制,从单交叉口控制到周边交叉口协调控制,为城市交通控制提供了一个完备的控制策略体系,流程如图2.6所示:

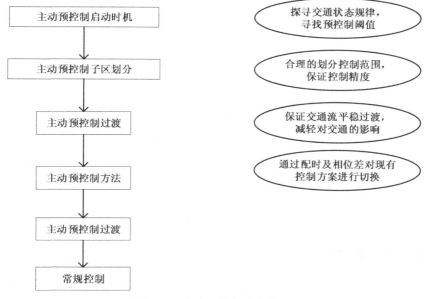

图 2.6　主动预控制关联性图

2.4.2　主动预控制时机

主动预控制主要研究交通状态从畅通到轻度拥堵的过程,基于排队长度、延误时间、平均行程速度、交通流量等基础参数的综合 PI 指标进行交通态势研判,选取关键交叉口作为主要控制点,基础交通参数的阈值范围可以当作交通流状态判别的标准,参数本身波动幅度较大,根据其交通变化的规律性(基本畅通—轻度拥堵,轻度拥堵—中度拥堵,中度拥堵—重度拥堵),并且上升或下降整体呈单一状态,态势演变如图 2.7 所示。选取能清晰表达轻度拥堵状态下的交通指标,结合变化的规律性可更加精准的判断交通变化趋势,从而确定主动预控制启动阈值。

一个城市路网中任何一个交叉口都不是一个独立的存在,对于城市单点瓶颈交叉口的控制势必会对周边交叉口产生影响,通过瓶颈点及上下游去协调交通量的流出和流入,并对周边进行协调控制防止发生拥堵转移,因此需要对拥堵边界进行确定,关联度可具体化显示两交叉口间的连通性,通过关联性采用模糊算法将交叉口并在一个子区来确定控制边界,在对单点控制的同时综合考虑边界内交叉口,使边界内交叉口能有一个良好的协调,防止拥堵发生转移。

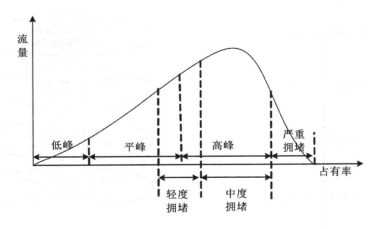

图 2.7 交通态势演变图

2.4.3 主动预控制方案

主动预控制在切换交通控制方案时,会对现有的方案依据交通状态做出调整,其中包括对配时以及相位差的调整。在不同的城市控制思想上会有相应的控制策略,本文将控制策略分为不可变周期以及可变周期两种情况进行讨论。针对目前不同的城市控制策略制定相应的与控制方案,使之与现有控制方案形成良好的衔接,在保证预控制方案实施效果的同时减轻预控制方案对现有交通流的影响。

(1)不可变周期控制

一般为城市进行区域或干线协调,周期的改变会对现有的协调效果产生较大的干扰,在防控初期不统一增加干线周期。

(2)可变周期控制

一般采取感应控制及单点控制,周期的改变对周边交通流影响较小,或城市交通状况较为复杂,拥堵点位较多需要提升整体周期的情况。

在拥堵的初期并未进入到全面大范围的拥堵的状态时,周边交通状态尚处于较为平稳的状态,主动预控制的介入可针对部分初始进入拥堵的交叉口进行疏导优化,可合理的调配在周边资源,控制策略可概括在合理范围内调配信号参数,增加瓶颈方向的交通供给,适当减少周边方向的信号时间,在控制策略上主要分为上游截流、下游泄流、截流+泄流、区域整体分流。

(1)上游截流

上游截流为限制上游交叉口车辆的流入,在不改变拥堵交叉口交通状态的前提下,限制上游交叉口的交通供给,缓和主控点位的交通压力,适合于上游交叉口未进入拥堵状态,交通状况较为良好。

（2）下游泄流

下游限流为增大主控制点交叉口车辆的流出,适当增加拥堵交叉口的通行能力,将交通压力转移至非瓶颈路口,适当对下游全线进行调整,防止发生瓶颈转移的情况,适合于下游交叉口未进入瓶颈状态,交通状况良好。

（3）截流＋限流

节流＋限流是通过上下游的联合控制,综合利用上下游交叉口的交通资源来缓解主控制点的交通压力,让周边交叉口有限的资源得到充分的利用,适合于主控点位周边尚未进入到拥堵状态。

本文最终选取截流＋限流的方式来平衡周边的交通压力,这种方式可更大程度上避免单一方向上交通压力过大,而导致的交通瓶颈转移的问题,分流因为需要更多地交通组织来辅助所以不加入讨论,将针对定周期以及不定周期综合考虑上下游交通压力,对主控交叉口进行分析,在以往调节相位内绿灯的基础上增加相位的变化,使相位内的绿灯被更高效的利用,在做好瓶颈交叉口的优化的同时优化,对上下游进行协调。

主动预控制方案的切换需要进行平滑过渡处理,避免出现因方案切换而导致的交通状态波动过大,主动预控制与常规控制切换流程如图 2.8 所示。

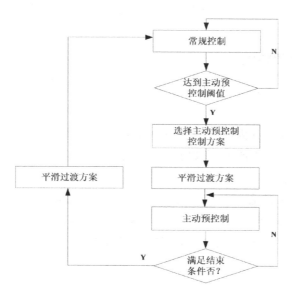

图 2.8　主动预控制切换流程图

2.5 交通拥堵的含义及瓶颈机理

2.5.1 交通拥堵及瓶颈的含义

交通拥堵是指路网的车辆的流入供给大于车辆的留出需求,超越需求的部分车辆滞留在路段内,多个周期内难以消化排出的现象。拥堵的界定世界各处尚未有统一的执行标准。美国道路通行能力手册将交通拥堵定义为低于 22km/h,日本将排队 1km 以上或拥堵 10min 以上称作拥堵,中国对存有信号灯路口,存于路口内车辆 3 个周期仍未离开,说明道路处在拥堵情形;未存有信号灯路口,排队的车流超过 250m,说明处在拥堵情形。瓶颈通常为路网内处在薄弱的存在,它往往与路网的规划、路段线形、控制手段等密切相关。对整个路网中瓶颈的有效辨识,是交通管控及动态规划中的重要一环。

在本文研究中,交叉口未进入拥堵状态下,交叉口初始达到饱和排队开始累积时期的路网状态,防止因排队而致使路网大面积拥堵。从数据入手可得出早晚高峰将会出现较为严重拥堵状况,通常由上下班、节假日所引发堵塞为常发性的拥堵;交通事故、恶劣天气而导致车辆积压,一种不因人控制所致使的交通拥堵,大面积交通瘫痪为偶发性交通拥堵。本文主要探讨常发性交通拥堵下瓶颈的控制。

2.5.2 瓶颈特性

交通瓶颈存在于有其相对固定的性质,存有下面几个特质:

(1)安定性

交通路网规划与其内部组织结构一般不会发生较大改变,路段其通行能力和组织架构不会有较大改变,所以其具有安定性。

(2)可预见性

瓶颈通常分为静态瓶颈及动态瓶颈,静态瓶颈通常因路段线形、进出口车道、展宽段等设计而产生的瓶颈;动态瓶颈通常因车流的变化造成某交叉口的流量饱和,具有动态变化性。两种瓶颈虽存在差异但都具有可以预测的特点,因此具有可预见性。

（3）瞬时性

从时间角度来考虑，节假日及早晚高峰通常会致使某一时间节点上流量突变增加，加大现有路网压力，这个时间点结束后瓶颈会散去，因此具有瞬时性。

（4）传递性

随着瓶颈发生，会向周围交叉口进行扩散，致使周边陆续进入拥堵状态，从而导致整个道路网的拥堵，因此具有传递性。

2.6　基于不同交通参数的拥堵状态观测方法

2.6.1　交通参数概述

交通指标所处的状态是反映路网拥堵等级的重要评判依据，可以判断道路的运行状态如何并加以干预，可达到预防交通拥堵的效果，选取了几个标志性交通指标如下：V/C、停车次数、排队长度、路段饱和度、平均行程速度、平均行程时间。

（1）V/C

V/C指流量与其相对应的通行能力比值，是一个无量纲量。优势为数据收集相对较为简单，且基于此更为直观的显现出基于交通的拥堵状况。因此，V/C在交通评价体系中应用较为广泛，而且可通过V/C间接求得服务水平。

（2）停车次数

停车次数指代交叉口内一周期内没有驶过的车辆等待放行的次数，我国将信号交叉口3个周期内存有未驶出车辆计作交通拥堵。可以反映出路口绿灯其放行效率如何。

（3）排队长度

排队长度指代在交叉口停止线内侧车辆排队等待放行的车辆所占路段长度。与路段长度比较下，可有效分析放行效率及是否溢出。

（4）路段饱和度

路段饱和度指代路段被车辆所占用的情况，不同车型会对结果产生一定影响，路段饱和度如式（2.3）所示。

$$F = \frac{\sum_{i=1}^{n} l_i}{kLS} \tag{2.3}$$

式中：l_i——i 辆车车身长度，单位 m；

K——路段车道数；

S——路段上空间占有率最大值（小汽车）。其可表示路段上供给与其所需要相互制约的结果。

（5）平均行程速度

平均行程速度指代路段上所有车通过路段的平均速度如式（2.4）所示。

$$\bar{v} = \frac{\sum_{i=1}^{n} v_i}{n} \tag{2.4}$$

式中：v_i——第 i 辆车的驶过路段的平均行程速度，单位 m/s；

n——驶过的车辆数。

（6）平均行程时间

平均行程时间指代路段距离与其上车辆平均行程速度的比值，如式（2.5）所示。

$$\bar{t} = \frac{L}{V} \tag{2.5}$$

式中：L——路段长度，单位 m。

2.6.2 交通参数选取

主动预控制主要研究道路刚越过绿灯饱和，车辆初始产生排队时的状态。评价指标其选取可对评价结果起决定性作用，故在指标的选择上要更清晰能反映当前状态的变化，同时保证所选取指标的科学性、完备性以及客观性。最终选取排队长度及行程速度作为本文的评价指标。

V/C 对于所研究状态阶段不改变配时情形下，其变化程度相对较小，不能清晰放映变化初期交通流的衍化，指标对中期拥堵判断较为精准，故不选取此指标作为评判依据。

停车次数对于所研究状态阶段判断存在判断延时较大的情况，每次停车都伴随着周期的更迭，所需时间较长且通常在停车 1－2 次时启动预控制为佳，评价存在误差较大的情况，可用停车作为筛选初始交叉口依据，不宜作为评判依据。

排队长度对于所研究状态阶段不改变配时情形下，若通行能力不满足来车要求只会造成继续的车辆积压，排队车辆的增加而导致的排队长度变长是拥堵状态的直观体现，故可作为评判依据。

路段饱和度与排队长度评判原理基本相同,增加路段长度使指标转化为无量纲量,在已有排队长度指标下,舍弃这一指标作为评判依据。

平均行程速度在所研究状态阶段下变化较为明显,同时也是众多学者较为推崇的评价指标,能清楚地反映出道路初期变化的一个趋势。平均行程速度作为评判依据。

平均行程时间相对于平均行程速度多一个路段长度的参考,没有前一指标的适应性高,在预测精度上并未有提升,故不作为评判依据。

综上分析,针对主动预控制阈值的选取,本文最终选用排队长度及平均行程速度作为评价指标,通过聚类分析分别确定路段上指标的阈值,并通过固定检测器多个滚动内的占用情况来评判是否进入拥堵。

2.6.3　基于聚类的主动预控制阈值确定

通过排队长度及平均行程时间指标的确定,文章通过 FCM(模糊 C 值聚类)对两个指标分别聚类分析,获取其各自在研究交通状态下的各自阈值,为接下来阈值触发做好铺垫。FCM 算法是基于分区的聚类算法,其核心是划分为同一族的点具有最大的相似性特征,而不同点之间的相似性较小。本算法相当于对普通 C 值聚类的改进,FCM 相比于 C 值聚类可以更加柔性的划分。

FCM 是通过隶属度来每个数据点属于某范围程度的聚类算法,把 n 个向量 $x_i(i=1,2,\cdots,n)$ 分成 c 个模糊组合,并求得其组内的聚类中心,使其非相似性取得最小价值函数。FCM 相对于 HCM 主要区别在于其采取模糊划分,给予所有数据点以 0－1 间隶属度来确定其程度,与其模糊的模块相呼应,隶属度其矩阵 U 允许在 0－1 间取其元素,加上归一化其隶属度和为 1。如式(2.6)所示:

$$\sum_{i=1}^{c} u_{ij} = 1, \forall j = 1, 2, \cdots, n \tag{2.6}$$

那么,FCM 其价值函数就的一般化形式如式(2.6)所示:

$$J(U, c_1, \cdots, c_c) = \sum_{i=1}^{c} J_i = \sum_{i=1}^{c} \sum_{j}^{n} u_{ij}^{m} d_{ij}^{2} \tag{2.6}$$

式中:J——目标函数;

c——分类数目;

n——数据样本个数;

u_{ij}——样本 i 属于类 j 的隶属度;

c_i——i 的中心位置;

x_j——j 的中心位置;

m——加权系数。

这里 u_{ij} 介于 $0-1$ 间，c_i 为模糊组的 i 其聚类中心，欧氏距离为第 i 个聚类中心与其第 j 个数据点之间的长度如式(2.7)所示：

$$d_{ij} = \| c_i - x_j \| \tag{2.7}$$

构造一个新目标函数，可得到公式(2.8)的到达其最小值所需条件。

$$J(U, c_1, \cdots, c_c, \lambda_1, \cdots, \lambda_n) = \sum_{i=1}^{c} \sum_{j}^{c} u_{ij}^m d_{ij}^2 + \sum_{j=1}^{n} \lambda_j \left(\sum_{i=1}^{c} u_{ij} - 1 \right) \tag{2.8}$$

对公式(2.8)参数进行求导运算，令 J 达到最小值所需条件得隶属度矩阵以及聚类中心，如公式(2.9)、(2.10)所示。

$$c_i = \frac{\sum_{j=1}^{n} u_{ij}^m x_j}{\sum_{j=1}^{n} u_{ij}^m} \tag{2.9}$$

$$u_{ij} = \frac{1}{\sum_{k=1}^{c} \left(\dfrac{d_{ij}}{d_{kj}} \right)^{2/(m-1)}} \tag{2.10}$$

从以上两个要求出发，FCM 是一个迭代过程。在此过程中，FCM 执行以下步骤来阐明集群中心和成员资格矩阵。由上两个必要的条件，FCM 为一个迭代的过程，在处理运行时，FCM 采取以下步骤来确定聚类中心 c_i 以及隶属矩阵 U，步骤如下：

(1)使用 $0-1$ 之间的随机数初始化隶属度矩阵 U 来满足等式(3.2)的约束。

(2)用式(2.8)计算 c 个聚类中心 $c_i, i=1, \cdots, c$。

(3)依据式(2.6)求得价值函数，若其比确定阈值小，或阈值较上次价值函数的改变度小，则中停算法。

(4)用式(2.9)求得新 U 矩阵，返回步骤(1)(2)。

对于上述 FCM 算法，亦可使聚类中心先初始化，随后迭代过程在进行，因难以保证 FCM 收敛在一个最优解，其性能对初始中心存有依赖性，我们需多运行不同及聚类中心，多运行 FCM 以保证对于排队长度以及速度的阈值预测的准确性。

2.7 基于滚动时间的阈值触发

本文基于固定检测器对交通拥堵的蔓延进行提前的预防,之前 SCATS,SCOOT 及 HICON 等智能交通平台,城市检测器往往设置在路段固定位置上,往往存在不同交叉口拥堵机理不同而导致的预测精度存在不足的问题,本文通过聚类分析得出排队长度的阈值,可更加精确的预测出检测器所应设置的位置,为主动预控制提供更好的先决条件,依据平均行程速度和车身长度可推测检测器被占用的时间,由于单个脉冲容易产生误判,为了提升精度采取连续多个检测器脉冲信息作为阈值触发的条件。

一般情况下,当路段的排队长度快到达路段长度才被认为发生了交通的拥堵,控制方法显得较为滞后,同时也是传统控制手段效果差强人意的原因。为了确定预控制的阈值,将聚类所得的排队长度作为检测器的放置点位,放置位置如下图 2.9 所示,正常情况车辆通过路段上的排队检测器会不断地得到脉冲数据,如图 2.9 所示,每一个曲线段代表车辆经过检测器所需时长为 $t_{v,i}$,每一个直线段代表检测器未检测到车辆的时长为 $t_{l,i}$,未检测到车辆时间也就是车辆的行车间距。一个直线段与曲线段的组合代表路段车辆的车头时距。

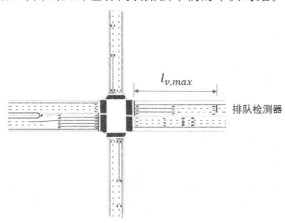

图 2.9 路段排队检测器位置图

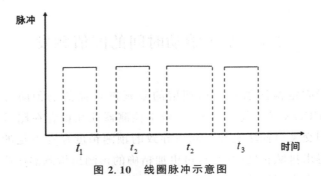

图 2.10　线圈脉冲示意图

第 i 辆车通过检测器的时间由车身长度和车辆当时速度来确定,在 2.6 节已经对速度进行聚类得到主动预控制速度的阈值,车辆通过检测器的时间如公式(2.11)所示。

$$t_{v,i} = \frac{l_{v,i}}{v_b} \qquad (2.11)$$

式中:$t_{v,i}$——第 i 辆车通过检测器的时间,单位 s;

$l_{v,i}$——第 i 辆车的车身长度,单位 m;

v_b——第车在路段上预控制速度阈值,单位 m/s。

因城市内车型不统一,有大型车辆和小型汽车之分,为保证预测的精准度,取大型车辆的车身长度 17m 作为车身长度的最大值 $l_{v,\max}$ 作为控制阈值,同时要取连续多个时间段的检测器占用时间以防出现误判,连续多个时间段可以更充分判断周边时间内检测器所被占用的状态,从而判断车辆排队及交通流拥挤程度,增大主动预控制阈值触达的精准度,若连续多个时间段满足(2.12)条件,则认为主动预控制阈值触发。

$$\frac{l_{v,i}}{v_b} \geqslant \frac{l_{v,\max}}{v_b} \qquad (2.12)$$

如果排队检测器检测得到的脉冲长大于或等于限制 t_v,则说明车辆可能在触发检测器的点处产生排队。如果在特定点 $t_{v,i}$ 达到阈值,并且存在检测到持续多个滚动时间的阈值 $t_{v,i} > t_v$,则车辆在此点缓慢通过排队检测器,排队的车辆为处于积压状态,排队检测器,说明路段达到主动预控制标准,应当触发瓶颈控制。

2.8　区域主动预控制边界基础

2.8.1　控制边界定义

控制边界是为了能够有效减轻城市路网动态管理控制的复杂程度及改善城市路网其管理的整体状况,把一定区域内道路网依据其状态、相似度以及交通关联度划分为多个交通节点的集合,同时节点的集合也会伴随道路网的交通流、控制与管理的目标的变化而使大小以及数量的变化,将这些节点集合称为交通小区。

控制边界动态划分要基于本身路网内自身状况,需考虑诸多因素,大体分为3个方向去考虑:

(1)区域内的路网结构;

(2)城市道路等级;

(3)交通流的实时状态。

伴随着交通规划及控制技术的不断发展升级,控制边界针对路网的不均衡性以及减轻路网控制的复杂程度应运而生,也为规划后的路网控制提供了更好的方向。信号其联网控制将整个路网划分成若干小区,对不同小区内采取相应的控制策略,更加有针对性的应对交通拥堵状况。

2.8.2　交叉口关联度模型介绍

对路网边界划分多根据交通状态特性其相似度进行规律性划分,利用遍历搜索及聚类算法将交叉口进行集合划分进入子区。交叉口关联度仍是目前的主流方式,其主要体现交叉口特性及交通流的衍化规律,可以更好的对路网进行分割,减小后续控制的压力。

交通信号配时手册中其判定相邻交叉口是否有必要采取协调控制,相邻交叉路口的周期时间和交通量通常是重要因素。相应的《交通控制设施手册》将相邻交叉口之间的路段长度视为确定两个交叉口是否可以调整和控制的重要标准。在《美国联邦公路管理局指导手册》指出是否需要协调和管理相邻的交叉路口,把临近交叉口其路段长度当作重要参考,同时,还将流量其大小以及交通流离散情形作为参考。

Yagoda 等将相邻路段其交通状况以及临近交叉口其距离来当作影响临近交叉口其关联性大小重要参考,因此,他采用交通量及长度比值作为耦合指标来进行临近交叉口其关联性的计算,如式(2.13)所示:

$$CI = \frac{Q}{L} \tag{2.13}$$

式中:Q——临近交叉口间路段流量,单位 pcu/s;

L——路段长度,单位 km;

CI——耦合指数,临近交叉口其关联性与 CI 成正比。

Chang 等将车辆的到达当做当作控制子区其关联性的重要参考,若上游离去车辆在下游交叉口依旧能保持其高密度的特性,这时进行子区的分割能有效提高控制效率。Imbalance 为流量不均衡系数,用其来表示后续驶出交通流的波动,用 D 来描述车辆的离散程度,如式(2.14)、(2.15)所示:

$$Imbalance = \frac{q_{max}}{\bar{q}} \tag{2.14}$$

$$D = \frac{1}{1+T} \tag{2.15}$$

式中:q_{max}——上游交叉口所驶出最大交通量,单位 pcu/s;

$\bar{q}$——下游交叉口所驶入流量平均值,单位 pcu/s;

T——行程时间,单位 h。

将上述两个指标进行综合评判,得出新的交叉口其关联性,如式(2.16)所示。

$$IDI = \frac{1}{1+T} \frac{q_{max} \cdot X}{q_1 + q_2 + q_3} - (n-2) \tag{2.16}$$

式中:X——上游交叉口驶离的车道数;

$q_1, q_2 \cdots q_n$——下游交叉口进口道交通量,单位 pcu/s;

N——下游交叉口车道数。

Chang 通过仿真实验得出,车辆行程时间与其路口周期时长比值为 0.4～0.5 时,此时采取子区控制效果较好;对于四相位交叉口车辆行程时间与其路口周期时长比值为 0.35～0.55 时,此时采取子区控制效果较好。同时,Chang 也对关联度对子区划分做了进一步阐明,当关联度 IDI≤0.25 时不需要并入子区,当关联度 0.25≤IDI≤0.5 时有并入子区的条件,但需要进一步考量,当关联度≥0.5 时,需要并入子区来进行统一控制。

Whitson 对 Chang 的模型提出了改进,并在后来得到了推广作为交叉口关联性推荐模型,模型在继承 Chang 研究结果的基础上,选取了关键交通流及行程时间来考察交叉口间的耦合关系,如式(2.17)所示:

$$IDI = \frac{1}{1+t}\left[\frac{nq_{max}}{\sum\limits_{i=1}^{n} q_i} - 1\right] \tag{2.17}$$

式中:t——路段上行程速度,单位 m/s;

　　q_{max}——上游交叉口驶出最大流量,单位 pcu/s;

　　$\sum q_i$——下游交叉口各进口道车流量,单位 pcu/s;

　　N——下游交叉口的车道数。

高云峰通过车辆排队的加入对上一个模型进行了修正,通过考廊上下游车辆积压车辆延误增长,对行程时间 t 进一步修正,变成车辆从上游交叉口至排队队尾总需要时间,如式(2.18)、(2.19)所示。

$$I = \frac{1}{n-1}\left[\frac{\max\limits_{i=1}^{n} Q_i}{\sum\limits_{i=1}^{n} Q_i} - 1\right]\frac{1}{1+t} \tag{2.18}$$

$$t = \frac{L-l}{v} \tag{2.19}$$

式中:n——上游交叉口其流入流向数;

　　Q_i——上游交叉口流入流量,单位 pcu;

　　L——上下游间路段长度,单位 m;

　　l——平均排队长度 m。

Lin 等人针对交通的需求来构建线性回归模型,通过可能发生的拥堵排队长度阈值(CL),来判断交叉口关联度,确定是否进行统一协调,并入子区,如式(2.20)所示:

$$CL = 689.97 + 6.86OPS - 7.15PCR \tag{2.20}$$

式中:OPS——交叉口上游原始排队,单位 pcu/s;

　　PCR——排队完成比。

基于此项研究 Lin 将 $CL_{interval}$ 加入以判断是否协调管控,更加精细化的选取判断区间,更加充分考量停车和延误等因素,如式(2.21)~(2.23)所示:

$$CL_{interval} = [CL_s, CL_e] \tag{2.21}$$

$$CL_s = E_{v1} t_{n+1}^* \tag{2.22}$$

$$CL_e = E_{v1} t_{n+1} + \lim_{\Delta h \to 0^+}[(LQ-1)h_s + \Delta h] \tag{2.23}$$

式中 $CL_{interval}$ 车流接近不稳定时交叉口间距,E_{v1} 为道路限速或头一辆车所期望速度，h_s 为车头时距，t_{n+1}^* 为信号灯初次转绿并在 $n+1$ 时刻到达时间，LQ 路段上车辆总数，如式（4.12）所示：

$$LQ = \frac{sqr}{s-q} \tag{2.24}$$

式中：s——路段上饱和流率。

上述关联度模型更好地体现了交叉口间的动态关联性，对后续交叉口子区的划分奠定了良好的基础。

2.9 关联度模型建模

2.9.1 初始交叉口选择

交叉口子区的划分需要对路网内初始交叉口进行寻找，将地理位置重要及交通状态衍化较快的交叉口作为初始交叉口，从初始点出发向四周进行扩散，将关联度符合的交叉口并入到同一子区，为后续控制做铺垫。

在区域路网对路段交通特性要具体分析考虑，即车辆在路段上的交通状态。车辆在路段上受信控的影响较小，主要受限速、道路情况以及周边车辆的影响，交叉口图如 2.11 所示，本文最终选取车辆平均车速、路段交通量来评价路段交通状态；交叉口是多个路段的节点，交叉口的状态直接关系着与其连接的路段状态，在分析路口交通状态时，选取关键进口和车道的指标为交叉口排队长度、路段长度，同时选取道路自身的静态信息，将道路的通行能力作为参考对象来评判交叉口的重要性，如式（2.25）、（2.26）所示：

图 2.11 交叉口图

$$PI = \omega_a \alpha \frac{v_{ab}}{V_{ab}} + \omega_a \beta \frac{q_{ab}}{C_{ab}} + \omega_a \gamma \frac{l_a}{L_a} \tag{2.25}$$

$$\omega_a = \frac{1}{n} \sum_{i=1}^{n} \frac{C_L^i}{\sum_{i=1}^{n} C_L} \tag{2.26}$$

式中：PI——区域的状态值；

α,β,γ,η——模型参数；

v_{ab}——路段 L_{ab} 的平均车速，单位 pcu/h；

V_{ab}——路段 L_{ab} 的最高限速，单位 m/s；

q_{ab}——路段 L_{ab} 的实际流量，单位 pcu/h；

C_{ab}——路段 L_{ab} 的通行能力，单位 pcu/h；

l_a——交叉口 a 的排队长度，单位 m；

L——固定长度；C_L 为道路通行能力，单位 pcu/h。

为了更好地划分子区，在初始交叉口的选择上进行综合的考量，通过对路段速度、交叉口的排队及流量来体现动态信息的变化，同时加以复杂环境折减下的路段通行能力作为交叉口静态信息，对动静态信息进行评判以寻找一个子区划分的初始点位，为后来的子区划分做好铺垫。

2.9.2　交叉口初步筛选

在路网层级下，交叉口的子区划分通常伴随着大量的运算，为了减小后续算法的压力，通过对交叉口其关联度影响因素进行分析，选取可量化及与关联度联系密切指标对子区划分进行初步筛选，分别选取交叉口周期以及交叉口间距离来对子区进行最初评判。

相邻交叉口周期的差异必然会对协调控制产生影响，在非感应控制及感应控制与定时控制并存的状态下，异周期致使车流无法连续通过多个交叉口，造成通行效率低下。依照韦伯斯特[56]延误公式可得出：在不改变流量的前提下，每个相位其车流延误会随周期时长增长而增长。因此在两个临近交叉口其周期时长差异越大，其关联交叉口的延误会大量增加。虽与单点控制比较来说，协调控制减小了交叉路口附近协调相位中车辆的平均延误，而增加相邻交叉路口的周期长度则增加了非协调相位中车辆的延迟。非协调阶段增加的延迟可能大于协调阶段减少的总延迟，此时两个交叉口不适宜并为同一子区。

当交叉口间周期为等周期或半周期时，交叉口间关联性最强，当交叉口间周期为四分之三时交叉口间关联性最小，具体如图 4.2 所示，因此作为初步筛选子区内交叉口的限制条件,选取全周期及半周期的±0.8倍作为是否并入子区的先决条件。

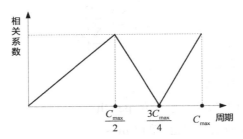

图 2.12 周期关联性图

依据交通流其离散规律,交叉口间距离越大,车辆所表现的离散性越趋于明显,现在的协调控制更多是要让车辆保持较高的密度,以车队的形式在有限的绿灯时间内连续通过较多的交叉口,若车辆的离散程度过大,会出现子区控制与单点控制效果相近的状态,对现有交通状态没有提升。

当前交叉口其间距指标一般由交通专业人士依据经验确定。例如杨庆芳等将同一子区内其交叉口间距定义为不超过 1000 米;卢凯等在提出干线协调相位差模型时将主干道临近交叉口协调控制的最大距离定为小于等于 800 米;德国《交通信号控制指南》提议协调控制交叉口距离应不宜大于 750 米,极特殊条件下可达到 1000 米;美国联邦公路局根据数据调查结果未明确提出确最大距离,但是其结果表明在交叉口距离 400 米以内可获得良好的协调效果;Pinnell 等建议当交叉口间距在不大于 2000 英尺(约 600 米)时可将两个临近交叉口划入同一子区;美国交通控制设施手册中提议当两个临近交叉口的间距小于等于 0.5 英里(约 800 米)时应当被划入同一个子区。

交叉口间距离会影响临近交叉口间协调效果,若其距离过短,则必须纳入协调,防止因交叉口间配时原因致使车辆排队过长出现溢出,致使出现交通大面积瘫痪现象;若其距离过长,车辆的离散性增强,同时会因路中斑马线等因素致使车辆不能连续通过交叉口,致使效果甚微。因此针对短距离交叉口设置最低距离限制条件 $L_{min}=300\mathrm{m}$,针对长距离交叉口在城市中通常存在侧向干扰 $L_{max}=800\mathrm{m}$,针对少部分长距离无侧向干扰交叉口间距 $L_{max}=1200\mathrm{m}$。

根据上述对周期以及距离限制的概述,通过这两个限制条件可有效地减轻算法在后期路网层级下运行的压力,更加有针对性的筛选合适交叉口进入子区,为后期子区控制提供了良好的基础。

2.9.3 关联度模型

关联度模型要符合现在所研究的交通状态,主动预控制模型在准饱和的状态下,建立通行能力有关的关联度模性,通过对车辆离散程度、交叉口通行能力以及上下游流量关联三个特性来建立通行能力模型,在别一鸣[57]对控制子区策略在不同状态层级下控制目标如下图 2.13 所示。

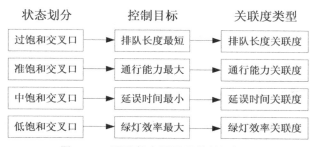

图 2.13 不同状态下子区控制目标图

国外对交通流其离散模型的探索有诸多的成果,Robertson 作为其代表,有参数简单,计算方便的特点,且对离散问题较为精确,因此在离散问题中被广泛采用,包括主流的 TRANSYT、SCOOT 等控制系统,同样采用该模型计算了下游交叉口的车辆到达状态。在此模型中,Robertson 建议离散系数 F 值的经验公式(2.27)所示:

$$F = \frac{1}{1 + AT} \tag{2.27}$$

式中:F——离散系数;

A——系数(Robertson,建议 0.35,我国学者研究国内现状建议取 0.1−0.15);

T——两断面间平均行驶时间的 0.8 倍。

对交叉口上下游流量采用 Whitson 模型对上下游交叉口间流量进行计算,进而得出上下有流量间的关联度,对于交叉口通行能力采用上文路段通行能力集合。

综合离散程度、通行能力及上下游流量建立主动预控制下的交叉口关联度模型如式(2.28)所示。

$$w = \frac{1}{(1+AT)\,|\omega_i - \omega_{i+1}|} \left[\frac{n q_{\max}}{\sum\limits_{i=1}^{n} q_i} - 1 \right] \tag{2.28}$$

式中:T——两断面之间车辆平均行驶时间的 0.8 倍,单位 h;

ω_i——i 交叉口通行能力,单位 pcu/h;

ω_{i+1}——上游交叉口通行能力,单位 pcu/h;

q_{max}——上游交叉口驶出最大流量,单位 pcu/h;

$\sum q_i$——下游交叉口每个进口道交通量,单位 pcu/h;

n 为下游交叉口的车道数。

2.10 子区划分

2.10.1 子区划分原则

对路网层面的交通进行组织协调要遵循一定的原则,具体原则如下

(1)同质性

将临近交叉口并入同一子区要保证其性质相似,性质包括交通特质以及静态,交通特质是交通流实时变化状态、周期长度、绿灯时间等,静态是指不会轻易改变的物理性质,如交叉口间距、路中人行横道布设等,这些性质相近才可化作同一子区进行下一步控制。

(2)动态性

交叉口的交通状态随着时间推移表现出不同种变化,较为明显的是早晚高峰与平峰的区别、上班日与周末及节假日的区别,整体状态并非一成不变,但其变化具有一定的规律性,可遵循其规律找出子区控制的规律性,进行动态控制引导,但对突发事件要做出动态调整。

(3)关联性

在预控制状态下划分出的路网子区,子区内部交叉口要具有一定的关联性,性质相同可更有效的加强子区内部连接,有利于内部协调控制,避免因协调而导致个别交叉口延误增加。

(4)稳定性

一个子区控制方案往往又有着相应的信号控制方案,虽子区控制具有动态性,但不可频繁切换,以免对交通流产生过大干扰。在日常控制中要保证整体的稳定,随着其变换规律有目的性的切换。

(5)变换效益最大化

子区概念的提出就是将路网分成小区域,提高控制精度及小区域内控制效

率,无论交通流的变化发展,最终追求控制方案效益最大化,合理划分子区,提升整个控制系统效益最大化。

2.10.2 子区划分算法

子区划分采用谱聚类算法,其建立与图论之上,与传统聚类相比可在任何样本中聚类且收敛于最优解。基于图论其本质就是讲聚类转换成图的最优划分,在二维空间向周边扩散,对交叉口分区可耕清晰明了,下文将经典的谱聚类方法做介绍。

图论将加权图 $G=(V,E)$ 分割成 A、B 两个图,满足 $A \cup B=V$,$A \cap B=\varnothing$. 谱聚类算法所涵盖的参量如下所示:

(1)Mcut 函数

子区划分为把相似度高、关联性大的交叉口合并至同一子区,并将划分后的样本间具有高相似度及低相似度的规则,选用最大最小割集的图划分作为其目标,即 Mcut 函数公式(2.29)~(2.31)所示:

$$M_{cut} = \frac{C_{AB}}{W_A} + \frac{C_{AB}}{W_B} \tag{2.29}$$

$$C_{AB} = \sum_{x \in A, y \in B} \omega_{xy} \tag{2.30}$$

$$W_A = \sum_{x_1, x_2 \in A} \omega_{x_1 x_2} \tag{2.31}$$

式中:M_{cut}——代价函数 Mcut 值;

ω_{xy}——节点 x 与 y 间的边权值;

W_A——子图 A 内所有节点的总边权值;

$Mcut$ 切割集要求最大化 W_A 和 W_B 的同时保障最小化 C_{AB},有利于合理割集划分子区,达到目标相符的结果。

(2)矩阵

相似矩阵 W 对其因素定义如式(2.32)所示:

$$W_{ij} = \exp\left(-\frac{d(s_i, s_j)}{2\sigma^2}\right) \tag{2.32}$$

式中:s_i——数据的样本点;

$d(s_i, s_j)$一般取 $\| s_i, s_j \|^2$;

σ——人为标定参数,取值越大其分类效果会越明显。

度矩阵 D 是对角阵,对角线其元素满足公式(2.33):

$$D_{ii} = \sum_j W_{ij} \tag{2.33}$$

即取相似矩阵的每行元素之和作为顶点的度，以所有度值为对角元素构成度矩阵。

（3）Fiedler 向量

依据谱图理论，将最小化 Mcut 函数转化成求解 Laplacian 矩阵的第二小特征值如式（2.34）所示：

$$(D-W)\xi = \frac{\lambda}{1+\lambda} \cdot D\xi \qquad (2.34)$$

式中：λ——特征值；

ξ——对应特征向量。Fiedler 向量是第二特征值相对应的特征向量，其代表最佳图划分的一个解。

在 PI 值确立聚类中心的基础上，通过初步筛选对关键交叉口周边交叉口进行区域的划分，通过对关联度的谱聚类分析得到子区划分的范围约束，子区划分流程如图 2.14 所示：

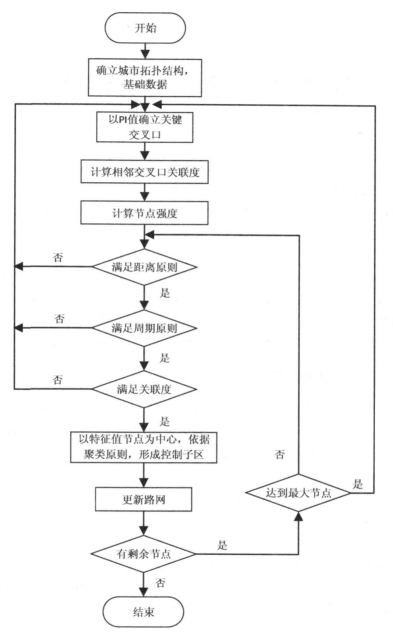

图 2.14 主动预控制子区划分流程图

3 相邻短距离交叉口关联特性理论基础

　　针对当前短距离交叉口界定方法的不统一、划分因素选取不合理以及划分难界定等问题,对影响短距离交叉口关联特性的因素进行深入研究。从影响因素和特性方面重新定义城市短距离交叉口,提出了基于静态影响因素、动态影响因素及车流运行特性的动态关联度分析及计算模型。

　　交叉口是城市路网的重要组成部分,当路网中某一个交叉口发生交通拥堵时,其它相邻的交叉口必然会受到影响。如果只是单纯的针对单个交叉口或拥堵路段管控,则其它相关联的交叉口没有得到及时有效的控制,将会导致拥堵范围逐渐蔓延,直至整片区域路网瘫痪。因此,要想获得良好的控制效果,不仅需要对单个交叉口进行管控,更要对影响交叉口之间的关系的因素进行研究[25]。

3.1.1 静态影响因素

　　交叉口关联度首先考虑的是静态影响因素,如相邻交叉口间距、路段车道数、道路空间等物理特征,静态特征不随时间的改变而改变,本章采用相邻交叉口几何特征关联度来表征交叉口之间的静态特征。

　　(1)相邻交叉口间距

　　交叉口间距对城市道路交通的安全和运行具有非常重要的影响[26]。如果交叉口间距设置不合理,将直接影响道路的通行能力,交叉路口间距越小,路网密度越高,则两交叉口之间的车流干扰越严重,交通顺畅程度越低,整个道路网络的供给能力越小。如果不考虑两个交叉路口之间的距离[27]并将其视为大型交叉口处理,则该交叉路口的面积可能由于太大而影响车辆的通行,从而降低整个交叉口的通行能力。因此,交叉口之间的距离[28]是影响交叉口间关联性的关键因素。

　　(2)相邻交叉口车道数及车道宽度

　　车道宽度是指车辆宽度加上行驶时的侧向余宽之和。合理的车道宽度有助于车辆安全、高效运行,车道宽度的确定主要从车辆运行效果和交通安全两个方面来考虑。

　　若交叉口车道数量较少,则交叉口对各个转向交通流的分离程度不够,容易在进口道处形成交通混乱及延误。随着车道数增多,左转、直行、右转车辆分离,各个转向车辆在行驶过程中受到其他转向车辆的干扰较小。但是,当车道数量较多时,对于部分交织车辆而言,必须跨越较多车道数,这将占用过多的道路资源。因此,交叉口连接线路段内的车道数也是影响车辆通行效率的关键。

　　综上所述,虽然交叉口间距、车道数以及车道宽度是静态因素,但是在纵横交错的城市路网中是有必要研究的,在计算交叉口关联度时应当充分考虑相邻交叉口间距、车道数和车道宽度对相邻短距离交叉口关联性的影响。

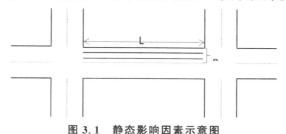

图 3.1　静态影响因素示意图

3.1.2　动态影响因素

　　相邻短距离交叉口关联度不仅考虑静态影响因素,也要考虑动态影响因素。城市路网中的交通流在时间上具有规律性和随机性,在空间上具有分布不均匀性,以及车流在路段上具有传递性。交通流的变化影响城市路网中交通运行状态,也对信号周期以及车辆离散性产生影响,因此动态特征是随时间实时变化的,本章采用相邻交叉口交通需求特征关联度[29]来表征交叉口之间的动态特征。

　　(1)交通量

　　交通量是一个随机数,不同时间、地点的交通量都是变化的。交通量在表达方式上通常取某一时间段内的平均值作为该时间段的代表交通量,由于天气状况、路段干扰等因素对居民的出行需求表现出较强的不确定性。一般来说,交叉口在高峰时段各个方向流量都达到了一天中的最值,高峰时段内交通负荷较大,交通量表现出较强的波动性。相邻的两个交叉口,上游交叉口驶向下游交叉口的交通量大小将决定下游交叉口的拥挤状况,交通量是指在单位时段内通过的交通实体数。具体见式(3.1)所示:

$$q = \frac{1}{t} \sum_{i=1}^{n} Q_i \tag{3.1}$$

式中：

q——单位时间内的平均车辆数，单位 veh/h；

t——规定时间段，单位 s；

Q_i——各规定时间段内的交通量，单位 veh。

综上所述，交通流在交叉口和路段上运行过程中，交通流变化趋势相似，均存在如下特征：

1 在时间上具有规律性和随机性，其与出行者出行时间、出行目的、道路环境以及道路几何特征有关；

2 在空间上具有不均匀性，交通流的空间分布与道路等级和车道数有关，道路等级相差越大，交通流空间分布不均匀性差异越大，道路车道数相差越大，交通流差异越大。

（2）信号配时

对于短距离交叉口而言，不合理的信号配时和绿信比将大大降低交叉口的通行效率和交通安全。相邻短距离交叉口之间未信号协调，将会导致车辆在绿灯时段内经过上游交叉口，并在下游交叉口遇到红灯，从而导致大规模排队现象。由于短距离交叉口的间距较短，排队的车辆会延伸到上游交叉口处，导致整个交通系统瘫痪。

（3）周遭环境

1 交通事件：城市道路网中的交通事件有许多类型，比如交通事故、车辆抛锚、路面维修、大型集会、游行等等。当前方路段发生交通事故时会导致道路通行能力降低或车辆无法通过，随着累积的车辆继续增加，就会出现排队溢出现象。或者由于其他紧急情况，交通量急剧增加，当严重超过交叉路口的通行能力时，容易导致交叉口排队溢出。

2 其他原因：由于构成交通系统的因素很多，实际上交通系统的运行条件更加复杂。道路状况，天气状况，驾驶员的行为以及许多其他不确定和不可控的因素在整个交通路网中都可能导致排队溢出。例如，由于商贩密集、行人较多、道路渠化不清晰等原因导致道路两侧的停车位和车道被占用，车流在路段上出现排队溢出现象。

3.2　短距离交叉口交通流运行特性分析

城市相邻短距离交叉口的车流是由各个独立的交通个体组成的，短距离交叉口处的集结车流呈现出了纷繁复杂的形态,由于车流在道路上的形态与短距离交叉口密不可分,而短距离交叉口的车流特性直接影响了交通流的到达、分布规律,进而影响了短距离之间的关联性[30]。短距离交叉口复杂的交通流使得此类交叉口的信号优化相对于一般交叉口更为重要,也更为复杂,考虑的因素也更多。

作为城市道路的"瓶颈",城市短距离交叉口[31]制约着整个城市道路网的通行能力。目前,针对辽宁省朝阳市典型的相邻短距离信号交叉口南大街—北大街做了大量的数据调研,对高峰时段车流的运行特性、评价指标和其他参数与常规交叉口做了对比分析。

(一)现状调研及数据采集

本章运用数理统计分析方法,以相邻短距离交叉口为研究对象,对比分析了常规相邻交叉口与相邻短距离交叉口的交通流运行特性,研究并量化了相邻短距离交叉口的交通流特性。得出了研究城市相邻短距离交叉口的必要性和重要性的结论。

交叉口的数据采集主要分为人工记录和仪器检测两类[32]。本章研究地点选为朝阳市南大街—北大街路口,相邻路口是典型的短距离交叉口,所选交叉口为各进口道方向均具有左转专用相位的标准 4 相位交叉口,渠化如图 3.3 所示。本章采用人工与仪器相结合的调研方法,通过录像记录交叉口渠化和交通车流运行状态,高峰期间排队溢出如图 3.2 所示,并记录每个周期内通过停车线的车辆数量。

(a)早高峰排队溢出　　　　　　　　(b)晚高峰排队溢出

图 3.2　交叉口高峰排队溢出

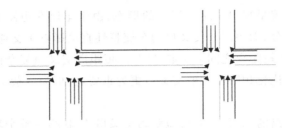

图 3.3　交叉口渠化示意图

　　数据获取选取在天气良好时,运用无人机及人工调研相结合的方法,调查高峰时段分别选择为 6:30～7:30 和 17:30～18:30,平峰时段分别选择为 9:30～10:30 和 15:30～16:30。其中,高峰流量如表 3.1 所示,平峰流量如表 3.2 所示,交叉口公共周期时长均为 120s,交叉口每个周期均设置 3s 的全红时间,高峰期间所得排队长度如表 3.3 所示。

表 3.1　交叉口高峰流量

方向	E		S		W		N	
车道	直	左	直	左	直	左	直	左
早高峰流量/h	438	154	580	110	458	98	614	107
晚高峰流量/h	475	143	540	96	454	78	620	112

表 3.2　交叉口平峰流量

方向	E		S		W		N	
车道	直	左	直	左	直	左	直	左
早平峰流量/h	322	89	276	86	298	72	486	78
晚平峰流量/h	346	78	254	79	286	64	473	62

表 3.3　交叉口高峰排队长度

方向	E		S		W		N	
车道	直	左	直	左	直	左	直	左
早高峰排队长度/m	167	95	270	146	197	132	218	154
晚高峰排队长度/m	173	87	258	123	195	112	221	160

　　通过仿真,得出该调查交叉口高峰期间的平均速度、延误及其他运行特性,具体如表 3.4 所示:

表 3.4　交叉口其它运行特性

方向	E		S		W		N	
车道	直	左	直	左	直	左	直	左
平均速度	19	23	14	21	24	17	18	23
延误	45	37	68	34	26	37	49	34
是否排队上溯	否	否	是	否	否	否	否	否

　　根据上表 3.1~3.4 所得到的调研数据,分析短距离交叉口与常规交叉口在车流运行特性(到达、离散规律)、评价指标(排队长度[33]、延误)和其他参考因素(车辆跟驰、车流冲突、车流交织)等方面的不同,并对相邻短距离交叉口进行特性分析。

　　(二)数据分析

　　由于车流在道路上的形态与交叉口之间的关联性密不可分,短距离交叉口的车流特性直接影响了交通流的到达、分布规律,进而影响了短距离交叉口之间的关联性。因此,对相邻短距离交叉口上的车流规律进行分析非常必要。

　　(1)车流特性分析:

　　与普通相邻交叉口相比,相邻短距离交叉口上的车流运行状态更具规律性和稳定性,通过短距离交叉口车辆间的车头时距状态更加统一和稳定。

　　①车流到达、分布特性:

　　车辆的到达、分布在某种程度上来说是随机的,将统计定律中的离散分布作为一种工具来描述这种随机性。通过观察固定时段内车辆到达的流量如图 3.4 和车辆分布的车头时距如图 3.5 的波动性,得出交通量的变化对车辆到达、分布的形态也具有较大的影响。

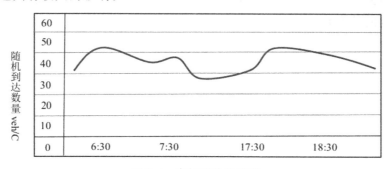

图 3.4　车辆到达流量图

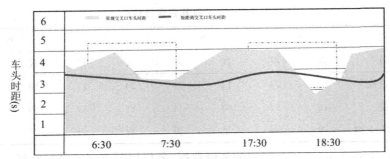

图 3.5　车辆分布车头时距图

由于短距离交叉口本身长度和控制方式的制约,高峰时间段内到达、分布的车流较常规交叉口有较小的幅度和变化[34]。

②车流离散规律

城市道路上的交通流是由独立的交通个体组成的,呈现出一种纷繁复杂的模式。车辆离散性[35]是影响车辆在道路上行驶状态的重要因素,同样地,也是影响相邻交叉口关联性的一个重要因素。因此,在进行相邻交叉口关联性研究前,应对车辆离散性进行研究。

常规相邻交叉口的车辆在到达时间和数量上是任意且毫无约束的,甚至先后到达的车辆之间没有交通关联,无论是车速还是到达的时间间隔,其分布都是较为离散的。相反,相邻短距离交叉口在高峰期间,随着车流密度的增加,车辆之间保持相对稳定的车头时距,尽管车辆到达的分布并不完全均匀,但它是规则且易于遵循的,此时可以较准确地预知车辆的到达时间及数量。

(2)评价指标

①排队长度:排队长度描述的是一个特定时刻和特定区域内,道路上的车辆投影到地面上所占用的道路空间,其中最大排队长度如图 3.6 是指该时间段内排队长度的最大值。

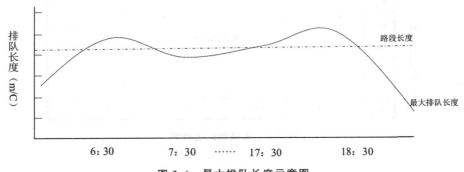

图 3.6　最大排队长度示意图

当车辆到达短距离交叉口的出入口时,常常因为没有通行权而被迫停车等待,正常排队是路段的储存能力满足交通需求下的排队。而当等待的车辆排队超过路段长度时,就会发生非正常排队现象,非正常排队现象会导致交叉口排队溢出,甚至整个路网的瘫痪。

②车均延误:车均延误也是均衡和判断相邻短距离交叉口路段拥堵临界的重要参数。在交叉口饱和度较大的时候,交通堵塞很可能会发生并按照一定的规则传播到上游路段,从而导致车辆无法通过道路,道路网整体的通行效率将大大降低。

(3)其它

在城市相邻短距离交叉口,由于道路间距过小而引起两交叉口之间车流换道行为受限,使得不同车道的车流之间相互干扰尤其严重。

①道路占有性

交叉口密度是均衡和判断相邻短距离交叉口路段拥堵临界的重要参数。在交叉口饱和度较大的时候,相邻短距离交叉口路段的密度较大,发生交通阻塞的几率也会增加,并按照一定的规则蔓延到路段的上游交叉口处。交通拥堵的发生将给公路网的通行能力带来巨大的打击。当路段承受能力高于交通压力时,有必要平衡通过交叉口多个路段的密度,以增加道路的通行能力,延缓交通拥堵。

②交通冲突特性

交通冲突发生的严重程度与交通量及交叉口形态有密切关系。在城市短距离交叉口的出入口处,由于存在车辆转向、分流、合流甚至穿插等行为,因此存在大量的交通冲突。交叉口间距越小,行车速度变化越频繁,交通冲突数也越多。两交叉口之间的路段交通流处于一种严重交织的状态,车辆交织不仅仅会降低路段及交叉口的通行能力,更会影响道路行车安全。

(三)研究结果分析

本章基于实际的调查数据调研及 VISSIM 仿真,对比常规相邻交叉口和相邻短距离交叉口的运行状态,对城市相邻短距离交叉口的运行特性、评价指标及其它参考因素进行了调查和仿真。利用对比分析及曲线拟合工具,相较于单一的间距更具说服力,研究相邻短距离交叉口对车流运行及评价指标的影响[36]。为制定更好的交叉口配时方案及提高车流的通行效果提供了一定的基础,研究结果表明:

(1)城市相邻短距离交叉口由于间距较短,早、晚高峰期间极易出现排队上溯至上游交叉口的现象；

（2）交叉口间距虽然是一个显著的影响因素，但交通流量、配时等在短距离交叉口中同样起着重要的作用；

（3）相邻短距离交叉口的车流形态异于常规交叉口，它们的运行有一定的规律可循；

（4）相邻短距离交叉口的车流冲突现象严重，车辆换道行为难以实现；

（5）相较于常规相邻交叉口，短距离交叉口周期并非全为为公共周期，有一部分为双周期。

3.3　基于运行状态的相邻短距离交叉口动态关联性研究

基于已有的研究基础，相邻交叉口关联性被用来表征相邻的两个交叉口之间的关系。因此引入相邻交叉口关联性的基本含义：对于两个相邻交叉口，当下游交叉口运行状态发生改变时，若是与它相邻的上游交叉口运行状态也发生改变，并且随着下游交叉口运行状态的变化而变化，此时就认为两个交叉口是相关联的。

关联性较强的相邻短距离交叉口在我国城市道路网中很普遍，在高峰时段，下游交叉口排队的车辆经常溢出到上游交叉口甚至多个交叉口[37]。这种交通现象不仅会影响上游交叉口的正常通行还会造成局部道路的阻塞，甚至会造成整个道路网的瘫痪，通常，我们称此类交叉口为短距离交叉口。短距离交叉口的两个相邻交叉口是紧密关连的，如果将它们分开考虑，则可能导致车辆连续停车和不必要的延误。由于两交叉口之间的距离较短，存在复杂的车辆交织与车道变换等交通行为，因此相邻短距离交叉口的优化范围应包括两个交叉口以及两交叉口之间的路段。

相邻交叉口之间的影响因素是实时变化的，因此交叉口的关联性也不是一成不变的，对相邻交叉口关联性进行量化的指标称为相邻交叉口关联度。相邻交叉口关联度不仅可以表征相邻交叉口的地理位置，还可以表征相邻交叉口的交通特征。

相邻短距离交叉口由于长度不足而导致车辆排队溢出的现象越来越普遍，严重影响了交叉口乃至路网的通行能力。这种情况下，协调控制的目的是主要是提高协调整体的运行效率，避免在高峰期间出现排队上溯。起到道路疏通的作用,减少道路车流延误,避免形成交通拥堵。

3.3.1　相邻短距离交叉口动态关联度计算

相邻交叉口的关联度一个是可进行定量化描述的交通参数,它综合反映出交通运行条件与相邻短距离交叉口之间的信号控制的差异。通过对影响相邻交叉路口相关性的各种因素进行综合分析,定性和定量地综合考虑影响相邻交叉口相关性的因素,为建立相邻短距离交叉口的划分与实现协调信号控制提供一套新方案。

本章基于城市路网中静态影响因素、动态影响因素和车流变化特性,从相邻交叉口的交通需求特征和几何特征出发,考虑上下游交通流流向特征、信号周期及车流离散性等因素建立相邻交叉口综合关联度模型。对于从上游交叉口 n 到下游交叉口 $n+1$ 方向之间的关联度 $D_{(n,n+1)}$ 可按下式进行定义计算:

(1)当 $D_{A(n,n+1)} < N_{T(n,n+1)}$ 时,路段车辆未发生排队溢出现象,此时根据 $D_{(n,n+1)}$ 判断相邻交叉口的状态是否为短距离,计算公式为(3.2):

$$D_{(n,n+1)} = \frac{Max\{(N_{E(n,n+1)} + N_{in(n,n+1)} - N_{out(n,n+1)})(L_V+h)K_A, (g_{(n \to n+1),2} - g_{(n \to n+1),1})\lambda_{i(n \to n+1)}K_C\}}{n_{1(n,n+1)}L_{1(n,n+1)}dK_J K_{L1(n,n+1)}K_N}$$

(3.2)

式中:

$N_{T(n,n+1)}$—相邻交叉口路段排队车辆阈值,单位 veh;

L_V—相邻短距离交叉口路段平均车辆长度,单位 m;

h—相邻短距离交叉口平均车头间距,单位 m;

$L_{1(n,n+1)}$—相邻短距离交叉口路段车道总长度,单位 m;

$n_{1(n \to n+1)}$—相邻短距离交叉口 $n \to n+1$ 路段上的关联车流占用车道数;

d—相邻短距离交叉口 $n \to n+1$ 路段上的关联车流占用车道宽度,单位 m;

$g_{(n \to n+1),1}$—上游交叉口 n 的绿灯开始显示时间,单位 s;

$g_{(n \to n+1),2}$—上游交叉口 n 的绿灯结束显示时间,单位 s;

$\lambda_{i(n \to n+1)}$—经过交叉口 n 的单位车流率,单位 veh/s;

$N_{E(n \to n+1)}$—相邻短距离交叉口路段山已存在的关联车流数,单位 veh;

$N_{in(n \to n+1)}$—相邻短距离交叉口路段下一个周期内到达的最大车流增量,单位 veh;

$N_{out(n \to n+1)}$—相邻短距离交叉口路段下一个周期内离开的最小车流量,单位 veh;

K_n——比例放大系数；

$K_{L1(n,n+1)}$——相邻短距离交叉口 $n \to n+1$ 方向路段车道总长度所对应的路段交通量关联补偿系数。

将 $K_{L1(n \to n+1)}$ 直接取为垂直向上平移一个单位 $L_{1(n \to n+1)}$ 的幂函数，则 $K_{L1(n \to n+1)}$ 与 $L_{1(n \to n+1)}$ 的函数关系式如(3.3)所示。

$$K_{L1(n \to n+1)} = \frac{4000}{L_{1(n \to n+1)}^{3/2}} + 1 \qquad (3.3)$$

（2）$D_{A(n \to n+1)} \geqslant N_{T(n \to n+1)}$ 时，路段车辆发生排队溢出现象，此时交叉口一定为短距离交叉口。

3.3.2 动态关联度等级划分

针对目前对相邻交叉口关联度阈值划分不明确的问题，本章利用实际的交通流数据，对关联度等级进行划分，利用划分的等级描述相邻交叉口的关联性，从而判断相邻交叉口是否为短距离交叉口，同时也可以作为交叉口信号控制优化和道路渠化设计的参考依据。

根据3.2整理的交通流数据，分别计算各时段短距离交叉口的关联度，得到数据。利用数理统计原理，将相邻交叉口关联度划分为较弱关联、中等关联、强关联、较强关联四种状态。

表 3.5　相邻交叉口关联度分级编号

时间段	关联度	分级编号
早高峰	0.6671	i
早平峰	0.4332	ii
午平峰	0.3295	iii
晚高峰	0.7004	iv

表 3.6　相邻交叉口关联度强度等级划分

分级编号	关联度范围	关联强度
i	(0.4332,0.6671]	较强关联
ii	(0.3295,0.4332]	中等关联
iii	(0,0.3295]	较弱关联
iv	(0.6671,1]	强关联

由等级关联度划分表可知，相邻交叉口关联度的等级划分为 4 个等级。对

于同一对相邻交叉口,不同时间段的关联度不同。对于同一个时间段,不同相邻交叉口的关联度也不同,这是由于相邻交叉口的动态特征和静态特征均发生了改变。

3.4 短距离交叉口的类别划分及相邻组合形式

3.4.1 考虑关键相位绿灯时长下的交叉口周期优化

协调的本质,是通过设置合理的相位差,使相邻交叉口之间可以实现控制和联动[38]。为使得相位差不受影响,协调控制系统中的各交叉口均需采用一样的信号周期或它的倍数,该信号周期时长即为公共周期。

(1)协调控制系统公共周期的计算[39]:任意选择一个交叉口,计算各相位的流量比,确定关键相位和关键车流,按照单点信号配时方法,利用韦伯斯特方法求取最佳信号周期,计算公式如(3.4)。

$$C_i = \frac{1.5 * L_i + 5}{1 - Y_i} \tag{3.4}$$

式中:

L_i——总损失时间;

Y_i——各关键相位流量比之和。

确定协调控制系统的公共周期,也就是相邻交叉口最佳信号周期的最大值,计算公式如(3.5)。

$$\hat{C} = \max(C_i) \tag{3.5}$$

(2)计算第 i 个交叉口的最佳信号周期:

第 i 个交叉口非协调相位有效绿灯时长,计算公式如(3.6)。

$$g_{ei非} = \frac{C_m{}' * q_{i非}}{X_i * S_{i非}} = \frac{C_m}{X_i} * y_{i非} \tag{3.6}$$

式中:

$C_m{}'$——信号公共周期时长,单位 s;

$q_{i非}$——非协调相位关键车道流量,单位 veh;

X_i——非协调相位饱和度实用限值,单位 veh;

$S_{i非}$——协调相位关键车道的饱和流量,单位 veh;

$y_{i非} = \dfrac{q_{i非}}{S_{i非}}$——非协调相位关键车道流量比。

第 i 个交叉口非协调相位显示绿灯时长，计算公式如（3.7）。

$$G_{ei\text{非}} = g_{i\text{非}} + I_{\text{损}} - I_{\text{黄}} \tag{3.7}$$

第 i 个交叉口协调相位有效绿灯时长，计算公式如（3.8）。

$$g_{ei\text{主}} = (C_{m2}{}' - L) - g_{ei\text{非}} \tag{3.8}$$

第 i 个交叉口协调相位显示绿灯时长，计算公式如（3.9）。

$$G_{ei\text{主}} = g_{ei\text{主}} + I_{\text{损}} - I_{\text{黄}} \tag{3.9}$$

考虑关键绿灯时长下的优化周期，计算公式如（3.10、3.11）。

$$G_{ei\text{主}} + G_{ei\text{非}} = G_{ei} \tag{3.10}$$

$$C_m = \partial * \frac{1.5 * L_i + 5}{1 - Y_i} + (1 - \partial) * \frac{G_{ei}}{C_i} \tag{3.11}$$

3.4.2　短距离交叉口类别划分

在实际协调过程中，存在一些由于其本身结构较简单且交通流量较小的交叉口，使得该交叉口的实际信号周期时长往往远小于协调系统的公共周期时长，接近于公共周期时长的一半，我们将这种交叉口称为"双周期交叉口"。双周期控制交叉口的协调适用于协调系统中存在明显的小型交叉口。

$\hat{C} = C_i$，此时该交叉口为 Ⅰ 类交叉口；

$\hat{C} = \frac{1}{2} C_i$，此时该交叉口为 Ⅱ 类交叉口。

其中，Ⅰ 类交叉口周期时长等于 Ⅱ 类交叉口相邻两个周期的和，则有公式（3.12）。

$$\hat{C} = C_n^O + C_n^E \tag{3.12}$$

若 Ⅱ 类周期交叉口为等双周期，增加条件约束，则有公式（3.13）。

$$C_n^O = C_n^E \tag{3.13}$$

3.4.3　相邻短距离交叉口的组合方式

相邻交叉口存在 Ⅰ 类（公共周期）、Ⅱ 类（等双周期）两种类型的交叉口。其中，由于 Ⅰ、Ⅱ 类交叉口类别及排序的不同，使得协调车流经过相位信号灯时所遇灯色不同，因此，需要对不同类别交叉口的组合形式进行分类，相邻交叉口根据类别不同共有下图 3.7 四种组合方式：

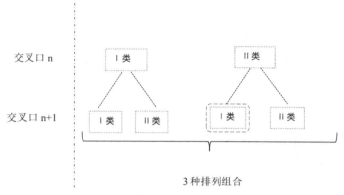

图 3.7　相邻短距离交叉口排列组合图

由于上述排列组合存在重复性,故剔除重复组合后共计有 3 种组合方式。

3.5　相邻短距离交叉口相关参数说明

3.5.1　确定控制参数

(1)相位、相序

相序是一个相对特殊的交通参数。对于相位相序的研究主要集中在与交通流的适应能力上。相位是指车流在交叉口处获得通行的权限,其对应的灯色为绿色,一个周期中的几个相位灯色前后顺序就是相序(一般以绿灯为准)。两者之间需要相互协调、适应,才能充分发挥交通信号的效益。

信号相位相序的确定:由于左转和直行车流之间的冲突可演变为某种程度的交织,为确保左转弯的安全和畅通,有必要设置左转专用相位,但是增加相位数的同时也会降低交叉口的处理能力。因而常见的相位设置方式为两相位控制或四相位控制形式,如图 3.8。基于以上考虑,是否设置左转相位或相序的组合形式应取决于实际的交叉口情况。

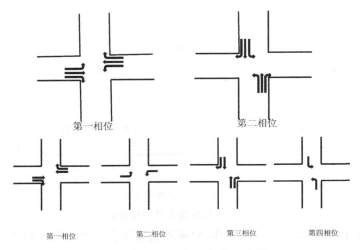

图 3.8 交叉口二、四相位示意图

（2）相位差

相邻短距离交叉口间协调控制的基本目标是车流可以在高峰期间顺畅通行，当通过上游交叉口的车流在到达下游交叉口时为绿灯通行时段。因此，协调控制必须在相邻的交叉口之间设置适当的相位差。任意相邻交叉口 n 与 $n+1$ 之间的相位差基本计算如下式（3.14）所示：

$$O_{n,n+1} = \frac{L_{n,n+1}}{v_{n,n+1}} - \lambda_1 C$$

$$O_{n+1,n} = \frac{L_{n,n+1}}{v_{n+1,n}} - \lambda_2 C \qquad (3.14)$$

$$0 \leqslant O_{n,n+1} \leqslant C, 0 \leqslant O_{n+1,n} \leqslant C$$

（3）双环结构

由于短距离交叉口上的交通流存在明显的潮汐特征，然而，目前国内大多数交叉口的相位控制方案都是基于对称交通流的条件设计的，这就导致了交叉口的相位控制方案与交叉口实际交通情况不匹配，从而降低了交叉口的整体通行效率。NEMA 双环结构是一种可优化不对称交通流的相位组合方案。

在传统的相位设计方案中，大多数的方案都是基于单环结构，一般要求一股或多股交通流同时获得通行权。而在双环结构中，灵活的相位设计，提高了整体的协调能力。由于双环结构的灵活特性，使得协调上的交叉口可以通过简单、合理的调整相位相序，从而实现绿波带宽度最优的目标。在同环中，相位的顺序和时长可以随意调整，并不会影响其他相位对交叉口的运行控制且协调方向与其道路非协调方向均可以采用搭接的形式。

　　一个传统四相位改造后的 NEMA 相位结构中有两个环结构,如图 3.9。其中,Φ1,Φ2,Φ3,Φ4 和 Φ5,Φ6,Φ7,Φ8 分别构成一个环。两个环中的每个相位分别按顺序循环切换,任意调整同环中两个相位的时长和顺序,完全不会对交叉口中其他相位产生影响。

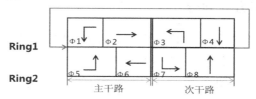

图 3.9　双环结构示意图

(4)相关参数说明

决策变量

$\omega_{n,\delta}$	协调车流上下行经过交叉口 n 时所对应的时间窗编号
$\hat{C}$	公共周期
$\hat{C}_n^O$	第Ⅱ类交叉口的奇数周期
$\hat{C}_n^E$	第Ⅱ类交叉口的偶数周期
φ_n	判断左转相位是否为保护相位(0 为否;1 为是)
λ_n	第Ⅱ类交叉口的周期编号(0 为奇数周期;1 为偶数周期)
$o_{1,n}$	相位差

中间变量

$P_{n,\sigma}$	协调车流在交叉口 n 处所对应的周期编号
B_X^σ	绿波带宽度
$\bar{B}_X^\sigma$	第 2 类绿波带宽度
B_L^σ	第 3 类绿波带宽度
g_n	交叉口 n 相位绿灯时长
T_n	交叉口 n 绿灯启亮时刻
$\tilde{T}_n$	交叉口 n 绿灯结束时刻
t_n	协调车流头车驶离时刻
$\tilde{t}_n$	协调车流尾车到达时刻

参数

σ	协调车流方向(1 为下行协调;2 为下行协调)
θ_n	交叉口类别(0 为Ⅰ类交叉口;1 为Ⅱ类交叉口)
α_n	相交左转车道数

β_n　　　　协调车道数

φ_n　　　　协调方向有无左转保护（0 为否；1 为是）

φ'_n　　　　非协调方向有无左转保护（0 为否；1 为是）

3.5.2　控制方式划分

本章的协调相位包括直行和左转两个相位，根据协调方向上直行与左转相位是否相邻，将交叉口控制方式分为以下两类：

（1）控制方式 1：如图 3.10 所示，协调方向的直行相位与左转相位为不相邻相位。当直行与左转相位不相邻时，相位间存在一定的时间间隔。

在城市相邻短距离交叉口研究中，如果其中一个交叉口实行双周期协调控制，则其相邻的子周期交叉口的一个周期时长、相位相序均相同。此时，上游交叉口协调方向的直行与左转车流间隔一段时间后流至下游交叉口，并分别与下游交叉口的相位相协调，从而实现双周期的协调。

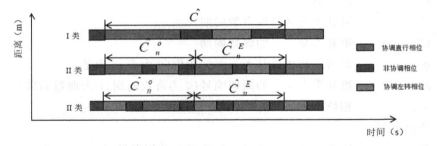

图 3.10　控制方式 1 示意图

（2）控制方式 2：如图 3.11 所示，交叉口协调方向的直行相位与左转相位为相邻相位。当协调方向的直、左相位为相邻相位时，其对应的车流将连续遇到绿灯，从而形成连续的车流，此时，通过合理的增大协调方向的时长，从而实现协调效率最大。

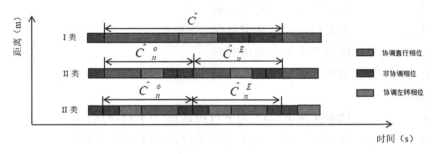

图 3.11　控制方式 2 示意图

3.5.3 相位相序组合

为进一步探讨交叉口设计与相位相序组合的合理性,以更大限度的提高交叉口整体的通行效率。本章采用0-1变量对相位在环中的位置进行了决策控制,使得模型可以实现相位的自由组合。

本章中不同类别的交叉口绿灯显示方式为:一个时间窗内Ⅰ、Ⅱ类交叉口绿灯显示的次数分别为一次和两次。为了能够同时表示两类交叉口的协调绿灯时长,将Ⅱ类交叉口中的奇数周期和Ⅰ类交叉口等同对待,且各个相位均满足最小绿灯时长条件限制(考虑满足行人过街最小绿灯时长)。考虑同环约束等式(3.15)。

$$g_{n,1} + g_{n,2}^L = g_{n,2} + g_{n,1}^L \tag{3.15}$$

本章引入0-1参数来判断该交叉口是否设置了左转保护相位,并根据道路的协调或非协调方向计算该交叉口的周期时长。当计算Ⅰ类交叉口的周期时长或Ⅱ类交叉口的奇数周期时,公式如(3.16、3.17)所示;

$$\hat{C} = g_{n,1} + \varphi g_{n,2}^L + \hat{g}_n + \varphi' \hat{g}_n^L \tag{3.16}$$

$$C_n^o = g_{n,1} + \varphi g_{n,2}^L + \hat{g}_n + \varphi' \hat{g}_n^L \tag{3.17}$$

当计算Ⅱ类交叉口所对应的偶数周期时,计算公式如(3.18)所示:

$$C_n^E = g_{n,1}^E + \varphi g_{n,2}^{E,L} + \hat{g}_n^E + \varphi' \hat{g}_n^{E,L} \tag{3.18}$$

式中:

$g_{n,1}$——Ⅰ类或Ⅱ类奇数周期交叉口下行方向直行绿灯时长,单位 s;

$g_{n,2}$——Ⅰ类或Ⅱ类奇数周期交叉口上行方向直行绿灯时长,单位 s;

$g_{n,1}^L$——Ⅰ类或Ⅱ类奇数周期交叉口下行方向左转绿灯时长,单位 s;

$g_{n,2}^L$——Ⅰ类或Ⅱ类奇数周期交叉口上行方向左转绿灯时长,单位 s;

C_n^o——Ⅱ类奇数周期交叉口时长,单位 s;

C_n^E——Ⅱ类偶数周期交叉口时长,单位 s;

$\hat{g}_n$——非协调方向直行绿灯时长,单位 s;

$\hat{g}_n^L$——交叉口非协调方向左转相位绿灯时长,单位 s;

$g_{n,1}^E$、$g_{n,2}^E$、$g_{n,1}^{E,L}$、$g_{n,2}^{E,L}$、$\hat{g}_n^E$、$\hat{g}_n^{E,L}$——Ⅱ类交叉口偶数周期对应的相位绿灯时长,单位 s;

φ——交叉口在协调方向有无左转保护相位的0-1变量,0为否,1为是;

φ'——交叉口在非协调方向有无左转保护相位的0-1变量,0为否,1为是。

3.6　相邻短距离交叉口的时刻表达

本章对绿波带和排队长度的计算,是通过比较协调相位绿灯启亮和结束时刻与协调车流到达、驶离交叉口的时刻,来确定绿波带的宽度和排队开始、结束时刻。因此,对各种时刻需要有统一的表达。

接下来通过对不同的相位相序组合下的绿灯启亮、结束时刻和车流到达以及驶离不同类别的上、下游交叉口的时刻进行表达。假设将交叉口 n 开始的第 1 个周期的相位 1 绿灯启亮时刻设为 0,此时路口的相位差 $O_{1,n}$ 指的是上游交叉口 n 与下游交叉口 $n+1$ 的同一周期、同一相位的绿灯启亮时刻的差值。为了准确识别车流在相邻短距离交叉口处的灯色状态表达,本章定义了一个单位长度—时间窗来统一表达。

将 $\hat{C}$ 看作为基本的单元,将时间划分为多个时间窗。以交叉口 n 为例,其中,协调的上、下行方向表示为 $\omega_{n,\delta}$,周期表示为 $p_{n,\delta}$,则 $T_{n,\delta}^{i,w,p}$ 和 $\widetilde{T}_{n,\delta}^{i,w,p}$ 分别表示交叉口 n 下行或上行方向在第 $\omega_{n,\delta}$ 个时间窗内所对应的第 $p_{n,\delta}$ 周期的第 i 个相位的绿灯启亮和结束时刻。

交叉口的类别用 θ_n 表示,$\theta_n=0$、1 分别表示该交叉口为Ⅰ类或Ⅱ类交叉口;第Ⅱ类交叉口的奇偶周期用 λ_n 表示,奇数周期为 0,偶数周期为 1;引用参数 δ 表示协调方向,其中,$\delta_n=1$ 为协调下行方向,$\delta_n=2$ 为协调上行方向。

利用判定系数 θ_n、λ_n、δ,建立周期关于时间窗的表达式如(3.19)所示:

$$p_{n,\delta} = \omega_{n,\delta} + \theta_n [\omega_{n,\delta} - (1-\lambda_n)] \tag{3.19}$$

3.6.1　协调相位绿灯时刻表达

对于交叉口 n 的类别而言,当交叉口为Ⅰ类交叉口时,1 个时间窗仅对应 1 个周期,而当交叉口为Ⅱ类交叉口时,1 个时间窗内包含 2 个周期;对于交叉口 n 的协调相位而言。由于不确定其是否有左转相位,以及考虑其左转与直行相位的灵活组合及顺序,引入 φ_n 的 0—1 变量使得上、下游可以灵活组合;对于交叉口 n 的协调车流方向而言,交叉口上、下行方向均可通过 δ_n 表示;讨论两个周期内协调相位绿灯的启亮和结束时刻是建立在第 1 周期的基础上实现的。

由于交叉口可能为Ⅰ类或Ⅱ类交叉口,因此,建立不同类别下的交叉口协调相位绿灯启亮和结束时刻的表达通式是必要的。不同类别交叉口的绿灯表达如

图 3.12。

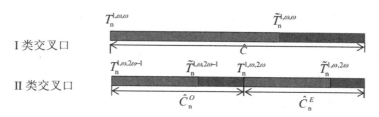

图 3.12 不同类别下的交叉口协调相位绿灯表达

（1）协调相位绿灯启亮时刻表达

当交叉口 n 为 Ⅰ 类交叉口时，假设绿灯启亮时为第一周期、第一相位、直行先于左转相位，则绿灯开始时刻为 $T_{n,\sigma}^{1,1,1}$。第 Ⅰ 类交叉口启亮表达式如（3.20）所示：

$$T_{n,\sigma}^{1,\omega,p} = T_{n,\sigma}^{1,1,1} + \varphi_{1,\sigma}(g_{1,\sigma}^{L}) \tag{3.20}$$

当交叉口 n 为 Ⅱ 类交叉口时，假设绿灯启亮时为第一周期、第一相位、直行先于左转相位，则绿灯开始时刻为 $T_{n,\sigma}^{1,1,1}$；假设绿灯启亮时为第二周期、第一相位、直行先于左转相位，则绿灯开始时刻为 $T_{n,\sigma}^{1,1,2} = T_{n,\sigma}^{1,1,1} + C_n^o$。综上所述，第 Ⅱ 类交叉口启亮表达式如（3.21）所示：

$$T_{n,\sigma}^{1,\omega,p} = T_{n,\sigma}^{1,1,1} + \varphi_{n,\sigma}(g_{n,\sigma}^{L}) + \lambda_n C_n^O + \theta_n \lambda_n g_{n,\sigma}^{E,L} \tag{3.21}$$

确定交叉口 n 绿灯启亮表达通式如（3.22）所示：

$$T_{n,\sigma}^{1,\omega,p} = T_{n,\sigma}^{1,1,1} + \varphi_{n,\sigma}(g_{n,\sigma}^{L}) + \theta_n(C_n^O - \lambda_n g_{n,\sigma}^{L}) + \theta_n \lambda_n g_{n,\sigma}^{E,L} \tag{3.22}$$

式中：

θ_n——交叉口 n 的类别，0 为 Ⅰ 类交叉口，1 为 Ⅱ 类交叉口；

$\varphi_{n,\sigma}$——交叉口 n 左转相位先于直行相位的 0—1 变量，0 为否，1 为是；

λ_n——交叉口 n 为 Ⅱ 类交叉口时，周期编号为奇数时为 0，偶数时为 1；

C_n^O——交叉口 n 为 Ⅱ 类交叉口时，奇数周期时长，单位 s；

$g_{n,\sigma}^{L}$——Ⅰ 类或 Ⅱ 类交叉口奇数周期协调相位绿灯时长，单位 s；

$g_{n,\sigma}^{E,L}$——Ⅱ 类交叉口偶数周期协调相位绿灯时长，单位 s。

（2）协调相位绿灯结束时刻表达

绿灯结束时刻 $\widetilde{T}_{n,\sigma}^{1,\omega,p}$ 为启亮时刻加上其协调相位绿灯时间的值，此时仍需考虑交叉口的类别。当交叉口 n 为 Ⅰ 类交叉口时，则绿灯开始时刻为 $T_{n,\sigma}^{1,1,1}$。第 Ⅰ 类交叉口绿灯结束表达式如（3.23）所示：

$$\widetilde{T}_{n,\sigma}^{1,\omega,p} = T_{n,\sigma}^{1,1,1} + g_{n,\sigma} + \theta_1 \varphi_{1,\sigma}(g_{1,\sigma}^{L}) \tag{3.23}$$

当交叉口 n 为 Ⅱ 类交叉口时，假设绿灯启亮时为第一周期，则绿灯开始时刻

为 $T_{n,\sigma}^{1,\omega,2\omega-1}$;假设绿灯启亮时为第二周期、则绿灯开始时刻为 $T_{n,\sigma}^{1,\omega,2\omega}$。综上所述,第Ⅱ类交叉口绿灯结束表达式如(3.24)所示:

$$\widetilde{T}_{n,\sigma}^{1,\omega,p} = T_{n,\sigma}^{1,\omega,p} + g_{1,\sigma} + \theta_1 \varphi_{1,\sigma}(g_{n,\sigma}^L) + \theta_n(C_n - \lambda_n g_{1,\sigma}) + \theta_n \lambda_n g_{n,\sigma}^E \quad (3.24)$$

确定交叉口 n 绿灯结束表达通式如(3.25)所示:

$$\widetilde{T}_{n,\sigma}^{1,\omega,p} = T_{n,\sigma}^{1,\omega,p} + g_{1,\sigma} + \theta_1 \varphi_{1,\sigma}(g_{n,\sigma}^L) + \theta_n(C_n - \lambda_n g_{1,\sigma}) + \theta_n \lambda_n g_{n,\sigma}^E \quad (3.25)$$

综上所述,第 1 个时间窗内交叉口 n 所对应周期协调相位的绿灯启亮时刻 $T_{n,\sigma}^{1,\omega,p}$ 和绿灯结束时刻 $\widetilde{T}_{n,\sigma}^{1,\omega,p}$ 的表达式分别如(3.26、3.27)所示:

$$T_{n,\sigma}^{1,\omega,p} = T_{n,\sigma}^{1,1,1} + \varphi_{n,\sigma}(g_{n,\sigma}^L) + \theta_n(C_n^O - \lambda_n g_{n,\sigma}^L) + \theta_n \lambda_n g_{n,\sigma}^{E,L} \quad (3.26)$$

$$\widetilde{T}_{n,\sigma}^{1,\omega,p} = T_{n,\sigma}^{1,\omega,p} + g_{1,\sigma} + \theta_1 \varphi_{1,\sigma}(g_{n,\sigma}^L) + \theta_n(C_n^o - \lambda_n g_{1,\sigma}) + \theta_n \lambda_n g_{n,\sigma}^E \quad (3.27)$$

假设下游交叉口 $n+1$ 与上游交叉口 n 的相位差为 $O_{\sigma,n}$,由于交叉口 n、交叉口 $n+1$ 可能分别为Ⅰ类或Ⅱ类交叉口,因此,需要建立关于不同类别组合下的交叉口 $n+1$ 协调相位绿灯启亮和结束时刻。

当上游交叉口为Ⅰ类交叉口或Ⅱ类交叉口奇数周期时,则下游交叉口 $n+1$ 所对应周期协调相位的绿灯启亮时刻 $T_{n+1,\sigma}^{1,\omega,p}$ 和绿灯结束时刻 $\widetilde{T}_{n+1,\sigma}^{1,\omega,p}$ 的表达式分别如下式(3.28、3.29)所示:

$$T_{n+1,\sigma}^{1,\omega,p} = T_{n,\sigma}^{1,\omega,p} + \varphi_{n,\sigma}(g_{n+1,\sigma}^L) + O_{\sigma,n} \quad (3.28)$$

$$\widetilde{T}_{n+1,\sigma}^{1,\omega,p} = T_{n+1,\sigma}^{1,\omega,p} + g_{n+1,\sigma} + \varphi_{1,\sigma}(g_{n+1,\sigma}^L) \quad (3.29)$$

当上游交叉口为Ⅱ类交叉口偶数周期时,则下游交叉口 $n+1$ 所对应周期协调相位的绿灯启亮时刻 $T_{n+1,\sigma}^{1,\omega,p}$ 和绿灯结束时刻 $\widetilde{T}_{n+1,\sigma}^{1,\omega,p}$ 的表达式分别如下式(3.30、3.31)所示:

$$T_{n+1,\sigma}^{1,\omega,p} = T_{n,\sigma}^{1,\omega,p} + \varphi_{n,\sigma}(g_{n,\sigma}^L) + \theta_n(C_n^O - \lambda_n g_{n,\sigma}^L) + \theta_n \lambda_n g_{n,\sigma}^{E,L} + O_{\sigma,n} \quad (3.30)$$

$$\widetilde{T}_{n+1,\sigma}^{1,\omega,p} = T_{n+1,\sigma}^{1,\omega,p} + g_{n+1,\sigma} + \varphi_{1,\sigma}(g_{n+1,\sigma}^L) + \theta_{n+1}(C_{n+1} - \lambda_{n+1} g_{n+1,\sigma}) + \theta_{n+1} \lambda_{n+1} g_{n+1,\sigma}^E$$
$$(3.31)$$

3.6.2 非协调相位绿灯(左转)时刻表达

本章研究的是考虑左转相位基础上的协调相位信号优化,因此交叉口的左转车流也需进行相应的时刻表达,其原理与协调相位绿灯的表达方式相同。此时需要考虑左转相位与直行相位的先后顺序,即左转相位是否优先于直行相位,本章引入变量 φ_n 和 φ_n 来确定其是否有左转保护相位以及左转、直行相位的先后顺序。

交叉口 n 非协调相位左转绿灯启亮时刻 $T_{n,\sigma}^{L,\omega,p}$ 和结束时刻 $\widetilde{T}_{n,\sigma}^{L,\omega,p}$ 的表达如下式(3.32、3.33)所示:

$$T_{n,\sigma}^{i^L,\omega,p} = T_{n,\sigma}^{i,\omega,p} + \varphi_n g_{n,\sigma} + g_{n,\sigma}^L \tag{3.32}$$

$$\widetilde{T}_{n,\sigma}^{i^L,\omega,p} = T_{n,\sigma}^{i^L,\omega,p} + \varphi_{n,\sigma}(g_{n,\sigma}^L) \tag{3.33}$$

3.6.3　协调车流驶离、到达时刻表达

本章讨论的是双向绿波协调,下行方向是指从上游交叉口 n 流出,驶向下游交叉口 $n+1$ 车辆形成的车流,上行方向为是指从下游交叉口 $n+1$ 流出,驶向上游交叉口 n 的车辆形成的车流。因此,下行和上行方向协调车流的头车和尾车是相对而言的。将通过该相邻交叉口组成路段的第一辆车称为协调车流的头车,通过该路段的最后一辆车称为尾车。若该车流中的某一辆车在到达下游交叉口 $n+1$ 时刚好遇到红灯或由于前方车辆排队而被迫停车排队等待。

(1)协调车流驶离时刻表达

采用 t 来表示Ⅰ类交叉口周期内驶离时刻或Ⅱ类交叉口奇数周期内驶离时刻,采用 t^p 来,采用 a、b 来表示通过路段的头车、尾车。本章的研究是通过比较从交叉口 n 和交叉口 $n+1$ 的下行和上行方向协调车流头车、尾车的驶离时刻来确定的表达式。式(3.34~3.37)表示车辆在第 p 个周期驶离交叉口的时刻

$$t_{n,a,1}^p = T_{n,\sigma}^{1,\omega,p} \tag{3.34}$$

$$t_{n,b,1}^p = \widetilde{T}_{n,\sigma}^{1,\omega,p} \tag{3.35}$$

$$t_{n+1,a,2}^p = T_{n+1,\sigma}^{1,\omega,p} \tag{3.36}$$

$$t_{n+1,b,2}^p = \widetilde{T}_{n+1,\sigma}^{1,\omega,p} \tag{3.37}$$

式中:

$t_{n,a,1}^p$——协调下行车流的头车在周期 p 内从交叉口 n 的驶离时刻,单位 s;

$t_{n,b,1}^p$——协调下行车流的尾车在周期 p 内从交叉口 n 的驶离时刻,单位 s;

$t_{n+1,a,2}^p$——协调上行车流的头车在周期 p 内从交叉口 $n+1$ 的驶离时刻,单位 s;

$t_{n+1,b,2}^p$——协调上行车流的尾车在周期 p 内从交叉口 $n+1$ 的驶离时刻,单位 s。

(2)协调车流到达时刻表达

协调车流到达下游交叉口的时刻,是通过协调车流在上游交叉口的驶离时刻计算的。协调车流到达时刻的计算是协调车流在上游交叉口驶离的时刻与在该路段上行程的时间之和,即协调车流从上游交叉口 n 驶向并到达下游交叉口 $n+1$ 的时刻或协调车流从下游交叉口 $n+1$ 驶向并到达上游交叉口 n 所对应的时刻。

假设将车流从上游交叉口流出,驶向并到达下游交叉口所对应方向分为上、下行,则它的时刻表达式如下式(3.38~3.41)所示。

$$t \sim_{n,a,1}^{p} = t_{n,a,1}^{p} + \frac{L_{n,n+1}}{V_{n \to n+1}} \tag{3.38}$$

$$t \sim_{n,b,1}^{p} = t_{n,b,1}^{p} + \frac{L_{n,n+1}}{V_{n \to n+1}} \tag{3.39}$$

$$t \sim_{n+1,a,2}^{p} = t_{n+1,a,2}^{p} + \frac{L_{n,n+1}}{V_{n+1 \to n}} \tag{3.40}$$

$$t \sim_{n+1,b,2}^{p} = t_{n+1,b,2}^{p} + \frac{L_{n,n+1}}{V_{n+1 \to n}} \tag{3.41}$$

式中:

$t \sim_{n,a,1}^{p}$ ——协调车流下行在周期 p 内的头车到达交叉口 $n+1$ 的时刻,单位 s;

$t \sim_{n,b,1}^{p}$ ——协调车流下行在周期 p 内的尾车到达交叉口 $n+1$ 的时刻,单位 s;

$t \sim_{n+1,a,2}^{p}$ ——协调车流上行在周期 p 内的头车到达交叉口 n 的时刻,单位 s;

$t \sim_{n+1,b,2}^{p}$ ——协调车流上行在周期 p 内的尾车到达交叉口 n 的时刻,单位 s;

$L_{n,n+1}$ ——短距离交叉口实际间距,单位 m;

$V_{n \to n+1}$、$V_{n+1 \to n}$ ——下、上行方向协调车流平均速度,单位 m/s。

3.6.4 非协调车流(左转)驶离、到达时刻表达

上式是对每个交叉口的下行和上行方向协调车流头车、尾车的到达时刻进行表达。若在确定协调车流驶离、到达交叉口的时刻时考虑该交叉口非协调相位的左转相位,则交叉口非协调相位车流驶离交叉口的时刻为 t^{L},到达交叉口的时刻 $t \sim^{L}$,具体表达如下式(3.42~3.45)所示:

$$t_{n,a,1}^{L} = \widetilde{T}_{n,\sigma}^{L,\omega,p} \tag{3.42}$$

$$t \sim_{n+1,b,1}^{L} = T_{n+1,\sigma}^{L,\omega,p} + \varphi_{n+1,\sigma}(g_{n+1,\sigma}^{L}) \tag{3.43}$$

$$t_{n,a,2}^{L} = T_{n,\sigma}^{L,\omega,p} \tag{3.44}$$

$$t \sim_{n+1,b,2}^{L} = T_{n+1,\sigma}^{L,\omega,p} + \varphi_{n+1,\sigma}(g_{n+1,\sigma}^{L}) \tag{3.45}$$

式中:

$t_{n,a,1}^{L}$ ——非协调车流下行头车驶离交叉口 n 的时刻,单位 s;

$t \sim_{n+1,b,1}^{L}$ ——非协调车流下行尾车到达交叉口 $n+1$ 的时刻,单位 s;

$t_{n,a,2}^{L}$ ——非协调车流上行头车驶离交叉口 n 的时刻,单位 s;

$t \sim_{n+1,b,2}^{L}$——非协调车流上行尾车到达交叉口 $n+1$ 的时刻,单位 s。

3.7　相邻短距离交叉口排队生成机理分析

排队长度是指停驶的车辆占用道路的空间长度,它是评估路口控制效果的一项重要指标,尤其是经常发生过饱和的相邻短距离交叉口处。相邻短距离交叉口路段由于本身路段长度的限制极易发生交通排队溢出现象,排队溢出的发生及扩散会造成局部地区的交通瘫痪,严重时会发生交通"死锁"现象。因此,对交通排队形成、扩散及消散过程的模拟和预测将有助于解决城市交通拥堵问题[36]。

3.7.1　城市短距离交叉口排队溢出影响分析

一般而言,排队溢出反映的是一种交通过度饱和状态,当交通供给少于交通需求时,不仅会降低该排队溢出方向的整体道路通行能力,而且还会严重阻碍其他方向交通流的运行,造成交叉口堵塞。随着后续车辆的不断到达,这种拥堵会向不同方向路段蔓延,直至引发大范围的交通拥堵[41]。

由下图 3.7 可知,排队溢出[38]是一个持续时间段内的变化过程。引发城市短距离交叉口交通拥堵的直接原因主要是排队溢出,因此短距离交叉口排队溢出识别分析是研究车辆排队长度估计和的交通拥堵形成的必要基础。

3.7.2　路段排队形成过程及类别划分

理论上说,当交通流队列通行时间超过绿灯显示时间时,车辆排队现象开始出现并逐渐向上游延伸;随着上游路段排队速度的增加,排队长度开始超过路段长度,交通拥堵开始向四周扩散;当下游交叉口信号灯色变为绿灯时,车流排队长度开始消散,车辆行驶速度逐渐恢复至自由交通流速度水平。

由此可见,依据车队的到达下游交叉口时信号灯灯色状态和上一周期滞留情况,将排队生成类型划分为 6 种,每种类型的车队到达图示与排队类别形成过程[38]如下图 3.8 所示:

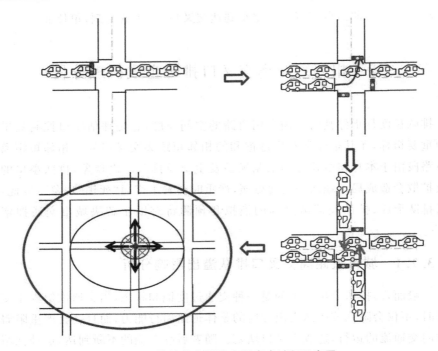

图 3.7　排队溢出导致交通瘫痪过程示意图

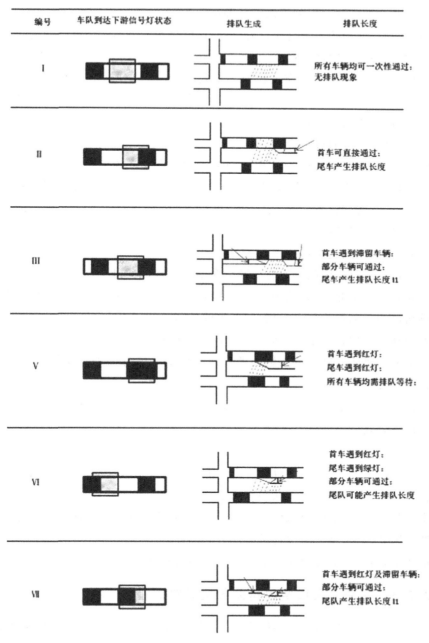

编号	车队到达下游信号灯状态	排队生成	排队长度
I			所有车辆均可一次性通过：无排队现象
II			首车可直接通过：尾车产生排队长度
III			首车遇到滞留车辆：部分车辆可通过：尾车产生排队长度 l_1
V			首车遇到红灯：尾车遇到红灯：所有车辆均需排队等待：
VI			首车遇到红灯：尾车遇到绿灯：部分车辆可通过：尾队可能产生排队长度
VII			首车遇到红灯及滞留车辆：部分车辆可通过：尾队产生排队长度 l_1

图 3.8 排队类别形成过程示意图

假设通过交叉口 n 的协调方向车流整体长度为 L，其中，可以不停车连续通过交叉口 $n+1$ 的车流长度为 L_1，剩余车流长度为 L_2。通过相邻短距离交叉口

之间的交通流排队情况可分为以下几种排队状态:

(1)队首车流到达下游交叉口时为绿灯,队尾车流到达下游交叉口时也为绿灯,所有车辆均可一次性通过;

(2)队首车流到达下游交叉口时为绿灯,队尾车流到达下游交叉口时为红灯,只有部分车辆可通过;

(3)队首车流到达下游交叉口时为红灯,队尾车流到达下游交叉口时也为红灯,所有车辆均不可通过;

(4)虽然队首车流到达下游交叉口时为绿灯,队尾车流到达下游交叉口时也为绿灯,但由于路段上有部分排队,因此仍然有一部分车辆不一定能通过;

(5)队首车流到达下游交叉口时为红灯,队尾车流到达下游交叉口时为红灯,所有车辆均需排队等待;

(6)队首车流到达下游交叉口时为红灯,队尾车流到达下游交叉口时为绿灯,队首需排队等待,因此仍然有一部分车辆不一定能通过。

若如到达类型Ⅱ所示,其中队列尾部车辆由于遇到红灯而不能跟随队列直接通过路口的车辆称为剩余车辆,其产生的排队长度记为L_w;

若如到达类型Ⅲ所示:队列头部由于遇到绿灯而部分车流通过上游交叉口,在路段上形成排队。则头部车辆需要停车排队的车辆称为停车车辆,其产生的排队长度记为L_s;

若记排队消散长度为L_q,从表中分析可知,相邻短距离信号交叉口排队长度可由以下公式(3.46)计算得到:

$$L = L_1 + L_2 \tag{3.46}$$

$$L_q = L_s + L_w + L' \tag{3.47}$$

式中:L'为随机因素导致的排队长度增量。

由于相邻短距离交叉口之间的相互影响,交通流更有可能形成各种不同密度的波。因此,通常将交叉口前的排队分为两部分,一部分是由于交通流均匀到达而形成的,另一部分是由于交通流量的随机扰动而形成的。

3.7.3　相邻交叉口实时排队长度计算流程

下面所指的排队长度为排队消散点与停车线之间的距离。现实生活中,在高峰时段会连续出现多次车辆排队现象,换句话说,新的排队会在前一个排队未彻底消散之前再次生成[42],排队变化示意图如图3.10所示,下图介绍了计算城市相邻短距离交叉口实时排队长度估计算法流程,如图3.9所示。

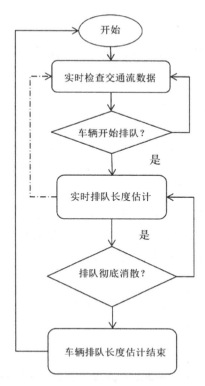

图 3.9 排队长度实时估计流程图

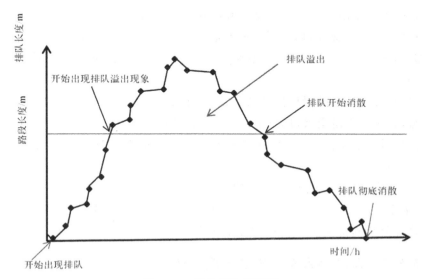

图 3.10 排队变化示意图

3.8 相邻短距离交叉口排队长度表达

排队长度是交通设计以及信号交叉口控制效果评估的主要指标,尤其是经常发生过饱和的短距离交叉口。由于短距离交叉口排队的周期累积而导致排队上溯至上游交叉口,形成交通死锁,车辆排队导致了"多米诺"效应的出现。因此,准确计算相邻短距离交叉口的最大排队长度对预防这类交通阻塞现象具有重要的现实意义。

以上分析可知,相邻短距离交叉口的最大排队长度[43]可由队尾剩余排队长度 L_W、队首停车车辆排队长度 L_s 和随机增量排队长度 L' 三部分组成,以下分别是对这三部分排队长度的计算方法进行研究。

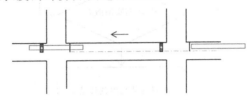

图 3.11 车流队首、队尾通过交叉口示意图

选取上图 3.11 所示路网作为研究对象,取交通流由 n 流向 $n+1$ 为研究方向。根据通过上游交叉口 n 的交通流在到达下游交叉口 $n+1$ 时遇到的交通信号灯灯色及 $n+1$ 交叉口处上周期交通流的排队情况,假设上述车流为一个车队,那么,根据队首、队尾到达下游交叉口 $n+1$ 所遇灯色不同将排队情况分为两种类型:

(1)在交叉口 n 的绿灯信号结束之前,通过上游交叉口 n 的最后一辆车为队尾车流,行驶至下游交叉口 $n+1$ 处遇到红灯或路段上存在排队等待的车队而不能直接通过下游交叉口 $n+1$,这部分车辆将在下游交叉口的停车线后停车形成排队,记为 L_w;

(2)在交叉口 n 的绿灯信号开始之后,通过上游交叉口 n 的第一辆车为队首车流,由于在路段上遇到排队等待的车队或红灯而不能直接通过下游交叉口 n $+1$,这部分车辆将在交叉口 $n+1$ 的停车线后停车形成排队,记为 L_s。

3.8.1 队尾剩余车辆排队长度表达

计算队尾剩余车辆排队长度可以根据上游交叉口最后一辆车到达下游路口

时所遇到的信号灯灯色判别。由 3.6.1 和 3.6.3 可得,协调车流到达、驶离时刻分别为 $t_{n,\sigma}^{i,\omega,p}$ 和 $t\sim_{n,\sigma}^{i,\omega,p}$,而协调相位绿灯启亮、结束时刻为 $T_{n,\sigma}^{i,\omega,p}$ 和 $\widetilde{T}_{n,\sigma}^{i,\omega,p}$。

当协调车队尾车在非红灯区间内到达下游路口时,则该车队可直接通过下游交叉口口,因此,在下游路口也不会产生剩余排队,即此时 $L_w=0$;若尾车到达下游路口时为红灯,则剩余排队长度可根据行驶速度进行计算,则协调方向车流开始形成排队的时刻为 $\widetilde{T}_{n+1,\sigma}$,当协调车流队尾到达上游交叉口时,协调方向车流队尾剩余车辆排队结束,协调方向车流排队结束的时刻为 $t\sim_{n+1,\sigma}^{p+1}$。

因此,建立关于协调方向车流队尾剩余车辆排队的长度可表示如(3.48)所示:

$$L_w = (\widetilde{T}_{n+1,\sigma}^{p} - t\sim_{n+1,\sigma}^{p+1})V_w \tag{3.48}$$

其中,V_w 表示队尾剩余车辆到达下游交叉口的平均速度,单位 m/s。

3.8.2 队首停车车辆排队长度表达

车队由于遇到红灯或前一个周期的车辆未完全消散而必须停车等待的排队长度记为 L_s。上游交叉口的首车在到达下游交叉口时需判断此时下游交叉口的信号灯灯色状态,上游路口的第一辆车到达下游路口的时段可以表示为 t_n^p:

根据协调车流到达下游交叉口的信号灯灯色,可将排队大致分为两类:

(1)当协调方向车流到达上游交叉口 n 时,信号灯灯色为红灯,此时,没有车辆可以通过上游交叉口 n,即队首停车排队长度 $L_s=0$。该条件可表述为上游路口红灯期间的首车到达时不需排队的条件可描述为式(3.49):

$$t_n^p \in \{\widetilde{T}_n^{p-1}, T_n^p\} \tag{3.49}$$

式中,T_n、$\widetilde{T}_n$ 分别为上游交叉口 n 在第 p 个周期的绿灯启亮、结束时刻表达。

(2)当协调方向车流到达上游交叉口 n 时,信号灯灯色为绿灯,此时,存在部分车辆可在绿灯期间内通过上游交叉口 n,并在路段内形成排队。即队首停车排队长度 $L_s \neq 0$,该条件可表述为通过上游交叉口的车流在到达下游交叉口时需排队的条件可描述为式(3.50):

$$t_n^p \in \{T_n^p, \widetilde{T}_{n+1}^p\} \tag{3.50}$$

此时,协调方向通过上游交叉口 n 的车流在到达路段时,由于路段上周期车辆并未排空,即 $\widetilde{T}_{n+1}^p < \bar{t}_{n+1}^{p-1}$,此时车流被迫停车等待,该条件可表示为式(3.51):

$$t_n^p \in \{T_n^p, \bar{t}_{n+1}^{p-1}\} \tag{3.51}$$

因此,协调方向车流队首停车车辆排队的长度可表示如(3.52)所示:

$$L_s = \{T_n^p, \max(\widetilde{T}_{n+1}^p, \bar{t}_{n+1}^{p-1})\}V_s \tag{3.52}$$

3.8.3　最大排队长度表达

最大排队长度是指充分利用交叉口间路段的存储功能,尽可能多的将车辆排列在路段上。通常来说,排队车辆长度不会超过路段的长度,在交通过度饱和状态下,信号周期每个绿灯结束后都会有部分车辆滞留,经过几个循环累积后,排队的车辆将占满车道。此时,交点处于过饱和状态,对于短距离交叉口入口车道,最大排队长度即为路段的长度。

由于排队长度的周期累积,相邻短距离交叉口在交通高峰时段会出现多次车辆排队现象。换句话说,当之前的一个排队彻底消散之后另一个新的排队将在一段时间后陆续生成,周而复始。因此,准确的计算相邻短距离交叉口的最大排队长度是预防此类交通阻塞的重要举措。

(1)第一个绿灯信号开始后形成的排队,计算公式如(3.53)所示:

$$L_w = (\widetilde{T}_{n+1}^p - t \sim_{n+1}^{p-1})V_w \tag{3.53}$$

(2)第二个绿灯信号开始后形成的排队,计算公式如(3.54)所示:

$$L_s = \{T_n^p, \max(\widetilde{T}_{n+1}^p, \widetilde{t}_{n+1}^{p-1})\}V_s \tag{3.54}$$

(3)最大排队长度,计算公式如(3.55)所示:

$$L = L_W + L_s + L' \tag{3.55}$$

4 公交车钩形左转弯交叉口交通组织渠化设计基础

4.1 交叉口非常规左转交通组织方法

与传统的左转交通组织相比,非常规左转交叉口的车流轨迹与交通特性存在显著差异。通过对平面交叉口左转车流的运行特性进行分析,可以发现根本的问题所在从而更加科学地设计优化组织方案。本章提出的钩形左转也是一种非常规的左转车流组织方式,因此本章首先分析了国内外比较常用的 5 种左转机动车辆的非常规组织方法的优缺点及适用条件[32]。

(1)U-turn 左转

U-turn 左转是指左转车流先在禁左交叉口直行或右转,行驶至下游路段或交叉口时进行调头,然后再回到禁左交叉口后以右转的形式最终完成左转[33]。U-turn 左转的交通组织如图 4.1 所示。

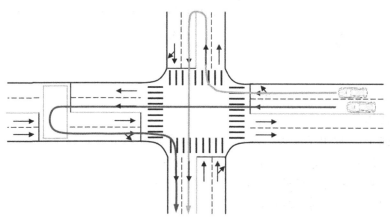

图 4.1 U-turn 左转示意图

①适用条件

U-turn 左转将左转车辆的行驶转移至路段中央,如果车辆在路段中央完成调头,则道路宽度需要与车辆的调头半径相匹配。由于调头半径的限制,U-turn 左转只适用于多车道路段,所以这一组织方法不适用于大中型车辆例如:公交车,小型货车等。

②存在问题

交叉口实施 U-turn 左转后,信号控制方案由四相位减少至两相位,大大减少了车流之间的冲突。然而,U-turn 左转这种组织方式会增加左转车辆的绕行距离和行驶时间,而且左转车辆在路段中会影响其他车辆的正常通行。

(2)借出口道左转

借出口道左转是指交叉口的左转车辆进入设置在对向出口道处的左转车道完成左转。该交通组织方式的具体原理是:左转车道在距离交叉口的一定长度处开口,主信号与预信号的共同协调控制引导左转车辆进入对向的出口道完成左转。具体如图 4.2 所示。

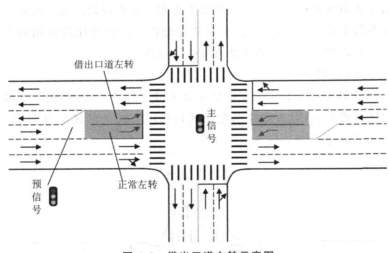

图 4.2 借出口道左转示意图

①适用条件

商振华[34]提出了交叉口设置借用出口车道左转应满足以下条件:交叉口必须是信号控制并且必须有左转专用相位;为保证相交方向右转车辆的正常通行并满足右转车辆转弯半径,出口道车道数一般不应少于三条。同时,左转车道的设置位置应确保左转车辆可以顺利完成转弯。

②存在问题

交叉口实施借用出口车道左转后,通过合理的信号控制可以充分利用道路的时空资源,从而减少交通拥堵。其优点是投资少、工期短、施工简单。但是,这种组织方式仍需要设置左转专用相位,没有减少相位数和周期时长。此外,由于左转车道位置移动到出口车道,要同时满足左转车辆以及相交方向的右转车辆的转弯半径。因此,这种交通组织方案不适合规模小的交叉口。

(3)Hook-turn 左转

在 20 世纪 50 年代,澳大利亚墨尔本市提出了一种名为 Hook-turn 的右转车流交通组织方法(澳大利亚靠左行驶)。这一方法有效避免了同一信号相位下的右转车辆与直行电车、机动车之间的冲突。这种组织下左转车流的放行方式为当直行相位启动时,左转车辆与直行车流一起通过交叉口,行驶至待行区停车等待。当待行区内的车辆清空后下一相位启动绿灯。Hook-turn 左转轨迹如图4.3 所示。

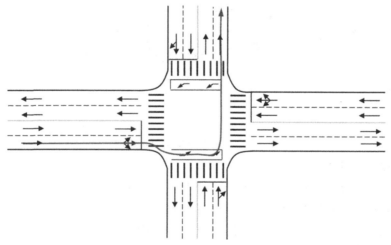

图 4.3　Hook-turn 左转示意图

①适用条件

考虑到交叉口的实际空间,左转待行区的容量有限。单个信号周期内到达的左转车辆数不能超过待行区的最大容量,否则排队溢出的公交车会影响同车道内其他方向交通流。而且交叉口的右转车流的到达率不能太大。

②存在问题

交叉口实施 Hook-turn 后可以避免交叉口内部空间资源的浪费,而且通过减少冲突点的数量提高了交叉口的通行能力。左转车辆需要在交叉口内部待行区内停车等待,所以左转车辆的停车次数有所增加。待行区的设置需要考虑到转弯半径、交叉口面积以及需要与其他方向的车流及行人非机动车保持安全距离等因素。

(4)移位左转

移位左转的基本原理是将左转车辆转移到对向出口车道,与同方向的直行车辆同时通过交叉口。具体实施方法为:在交叉口的上游某处设置次级交叉口,在次级交叉口的信号控制下,左转车辆进入对向车道停车等待,当直行相位绿灯启亮时,左转车辆通过交叉口。移位左转交叉口的设置如图4.4所示。

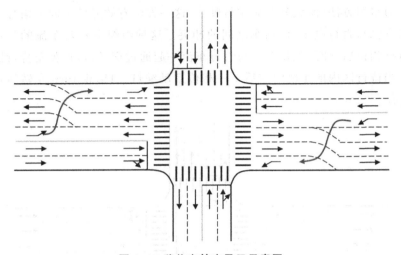

图4.4 移位左转交叉口示意图

①适用条件

移位左转这一组织方式在国外已经得到广泛应用。但是,国内城市交叉口的道路条件和交通特性与国外的城市有较大差异,国外的经验不能完全适用于国内的城市道路。交叉口实施移位左转需要更多的空间,因此,这种组织形式不适用于小规模交叉口或者次干路、支路相交的路口。

②存在问题

在移位左转这一组织形式实施过程中,交叉口需要设置信号灯和相应指示牌,这增加了建设成本而且工期较长。此外,移位左转组织方式不适用于次干路相交或规模小的交叉口。若交叉口的四个进口道全部设置移位左转车道,行人过街将无法通过信号控制来实现。

(5)预信号

预信号的设置方法为:在交叉口的上游路段上增加一组信号灯和一条停车

线(如图 4.5 所示)。当交叉口预信号的左转相位为绿灯时,左转机动车可驶入预信号与主信号之间的任何车道等待通行。当交叉口主信号的左转绿灯启亮后,左转机动车完成左转。

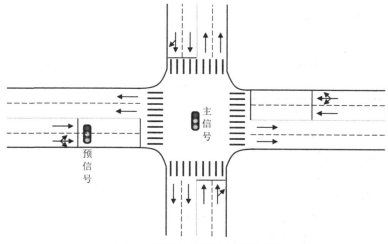

图 4.5　预信号控制交叉口示意图

①适用条件

为确保主信号左转相位绿灯结束时待行区内的机动车完全清空,主信号与预信号需要相互协调。与常规的交叉口不同,右转车辆仅可以使用最外侧进口车道,目的是避免右转车辆对直行车辆正常通行的影响。因此预信号适用于相同方向进口道大于等于 3 条的交叉口。

②存在问题

设置左转预信号主要是增加了左转机动车在交叉口处可利用的车道数量,该方法适用于左转流量较大的交叉口。然而,在低饱和交叉口,设置预信号会增加机动车的停车次数和车均延误且增加了建设成本。

(6)交叉口左转车辆组织方法分析总结

设置合理的左转交通组织方式可有效减小交叉口的车均延误,进而提高交叉口的通行效率。下面对本节中提出的 5 种左转交通流组织方法分别从施工工期、资金、道路资源利用情况、交通干扰等方面进行综合分析,如表 4.1 所示。

表 4.1　交叉口非常规左转车辆组织方法对比分析

组织方法	工期	投资	交通干扰	效益	左转相位	道路资源利用
U-turn	短	小	较大	低	无	利用时空资源
借用出口道左转	短	大	较大	较高	有	利用时空资源
Hook-turn	短	小	较大	较高	有	利用时空资源
移位左转	较长	大	小	高	无	利用时空资源
预信号	短	小	小	较高	有	利用空间资源

本章研究的是公交车钩型左转弯交叉口,钩形左转弯形式与本节提到的 Hook-turn 左转交通流组织方式原理相同,通过本节对 Hook-turn 左转交通流组织方法的分析可知,公交车钩型左转弯交通组织的实施在交叉口空间及流量上有以下限制条件:

(1)空间限制

实施公交车钩形左转弯对交叉口的内部空间有一定要求,交叉口的内部空间要考虑到公交车的转弯半径、以及需要为其他方向交通流留出通行空间。而且交叉口内部公交车左转待行区的设置不能太小,本身公交车的车身较长,若待行区容纳的公交车数量较少,那么产生的效益将微乎其微。

(2)车流量限制

公交车钩形左转弯交叉口的流量限制主要有三方面,分别为:公交车钩形左转弯交叉口前提是采用禁止左转控制方式,所以左转车流量需满足可设置禁左的条件;在一个信号周期内,左转公交车车流量不能超过待行区的最大容量,否则公交车排队溢出将会阻碍同一车道内其他方向交通流的正常通行;设置公交车左转待行区方向上的右转车流到达率不能过大,否则会扰乱交叉口的交通秩序。

针对以上限制条件,下面将详细介绍交叉口实施公交车钩型左转弯的空间要求以及流量限制条件,具体见 4.3 节。

4.2　公交车钩形左转弯交通组织概述

在公交车钩形左转弯交叉口机动车是禁止左转的,所以钩形左转弯只针对公交车。公交车钩型左转主要分为两个阶段。第一阶段:交叉口南北相位的绿灯启亮后,左转的公交车随着直行车流进入到交叉口内部的待行区停车等待;第二阶段:公交车左转相位启亮后,待行区内的公交车完成左转。由于公交车的左转行驶轨迹类似一个钩子的形状,因此命名为公交车钩形左转弯交叉口。具体如图4.6所示。

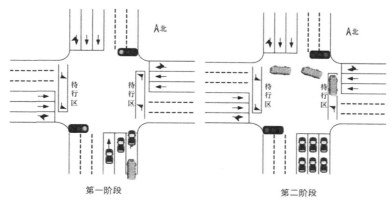

第一阶段　　　　　　　　　　　　第二阶段

图4.6　公交车钩型左转弯两阶段示意图

4.3　公交车钩形左转弯实施适用条件研究

4.3.1　几何条件

(1)公交车钩形左转前置空间

在设置钩形左转弯待行区时要考虑基本的安全需求,也就是车辆能够安全完成转弯并保证行人的过街安全和其他车辆的行驶安全。换而言之就是左转公交车在进入钩形左转弯待行区并完成左转的过程中,不得对行人以及同时放行的车流构成安全隐患并能够顺利安全完成转弯。图4.7为公交车左转弯示意图。在整个转弯过程中,假设公交车为一个刚性体,左转过程为慢速左转且不存在滑移等其他因素影响。

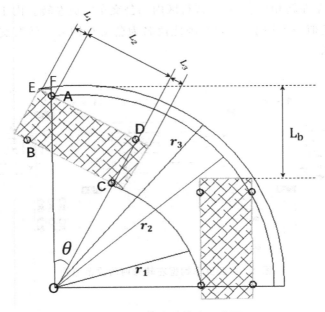

图 4.7　公交车左转弯示意图

在图 4.7 中，A，B，C，D 代表公交车四个轮子的轴心。公交车在转弯时前轮轮辋垂直中心线始终通过圆心 O。r_1 为内侧后轮的转弯半径；r_2 为外侧前轮的转弯半径；r_3 为外侧最前端的转弯半径。

$\triangle AOD$，$\triangle AEF$ 均为直角三角形，根据几何特性可得到式 4.1 至式 4.5。

$$AF = L_1 \times \sin\theta \tag{4.1}$$

$$OA = \frac{L_2}{\sin\theta} \tag{4.2}$$

$$r_3 = OA + AF \tag{4.3}$$

$$r_1 = OD - CD \tag{4.4}$$

$$r_2 = r_3 - r_1 \tag{4.5}$$

由式 4.1 至式 4.5 得出钩形左转的前置空间宽度，如式 4.6：

$$L_b = r_3 - L_1 - L_2 = (L_1\sin\theta - L_2)\frac{1-\sin\theta}{\sin\theta} \tag{4.6}$$

式中：L_b——钩形左转弯所需的空间宽度，单位 m；

L_1——前轮轴前端长度，单位 m；

L_2——轴距，单位 m；

θ——外侧前轮转向角。

一般来说，二线城市的公交车以大型巴士为主，长度大约在 10 米至 13 米之间。以最常见的 12 米公交车为例,公交车车身长 12 米,前悬 2.7 米,后悬 3.3 米,轴距 6 米,外向前轮转向角为 35^0,由式 2.1 至 2.5 得出,r_3 为 12 米,接着由式 2.6 得到 L_d 为 3.3 米。在实际转弯过程中,公交车的圆心不会始终保持在同一位置,所以实际所需的前置空间会小于上述计算结果。

(2)公交车钩形左转所需交叉口规模

公交车完成钩形左转弯本身需要一定的空间。而且左转公交车在进入钩形左转弯待行区并完成左转的过程中应与同时放行的行人保持一定的安全距离。为了更方便表达空间大小,本章引入交叉口规模这一概念。交叉口规模定义为 Z,具体如式 4.7 所示:

$$Z \geqslant 2(L_f + L_b) + L_d \tag{4.7}$$

式中:L_f—公交车与相交道路人行横道线边缘安全距离,单位 m;

L_b—钩形左转弯的所需的空间宽度,单位 m;

L_d—交叉口内部的待行区长度,单位 m。

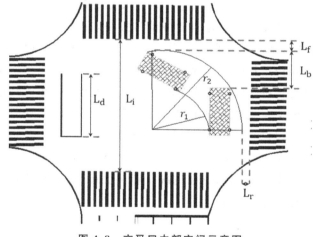

图 4.8 交叉口内部空间示意图

4.3.2 流量条件

(1)满足实施禁止左转的车流量

交叉口设置禁止左转是为了更好地分离左转车流以及直行车流,通过减少冲突点来提高交叉口的通行安全。若想使实施禁左的效果更加明显,交叉口的交通流需要满足一定条件。

左转交通量占入口道总交通量的比例需小于 25%[35],由于本章研究的主体对象是公交车,所以公交车流量不可忽略。即交叉口的左转交通量为机动车流量与公交车的流量总和。具体如式 4.8,4.9 所示。

$$\frac{\sum\limits_{k=1}^{n} Q_{左k}}{\sum\limits_{k=1}^{n} (Q_{左k} + Q_{直k} + Q_{右k})} \leqslant 0.25 \qquad (4.8)$$

$$Q_{(左/直/右)k} = Q_{bk} + Q_{ck} \qquad (4.9)$$

式中:$Q_{(左/直/右)k}$——交叉口 k 车道的左转/直行/右转交通量,单位 pcu;

$\qquad Q_{bk}$——交叉口 k 车道的公交车交通量,单位 pcu;

$\qquad Q_{ck}$——交叉口 k 车道的机动车交通量,单位 pcu。

(2)左转公交车到达流量临界值

交叉口的空间限制使得钩型左转待行区内能够停放的公交车数量有限,如果到达的左转公交车流量过大,在待行区内等待通行的公交车将会排队溢出至进口道处从而影响同方向的直行车流、右转车流的正常运行。所以,本节将基于待行区内的公交车不发生排队上溯这一条件来提出满足设置钩型左转弯的左转公交车到达流量。论文研究的是自适应信号控制,在相位运行到最小绿灯时间后,如果检测到待行区内的公交车溢出立即切换公交车左转相位。所以仅仅满足在交叉口某一相位运行到最小绿灯时间这一时间段内公交车不发生排队上溯即可。下面将结合上游交叉口公交车的到达特性研究公交车的临近流量值。

目标交叉口公交车到达流量主要来源于上游交叉口,上游交叉口如果是信号控制交叉口,那么目标交叉口公交车的到达则与上游交叉口的信号配时参数直接关联。以上游交叉口为信号交叉口为例,分析目标交叉口即公交车钩型左转弯交叉口的公交车流量到达分布情况。相关文献[36]分析了上下游交叉口的流量关系。具体如图 4.9 所示。

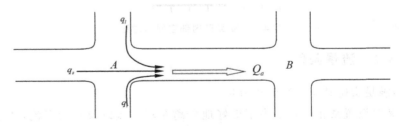

图 4.9 目标交叉口公交车来源示意图

由图 4.9 可知,目标交叉口 B 到达的公交车流量来源于上游交叉口 A,在上游交叉口的右转公交车不受信号控制,所以可以认为右转公交车的到达服从泊松分布。如式 4.10 所示:

$$P_r(k) = \frac{(q_{jr}t)^k e^{-q_{jr}t}}{k!} \tag{4.10}$$

式中：$P(k)$—时间间隔 t 内到达 k 辆车的概率；

　　q_{jr}—右转公交车的到达率。

对于上游交叉口的直行公交车和左转公交车，如果在红灯期间到达，那么则不属于自由到达，均受信号控制限制。因此不服从泊松分布。当绿灯启亮后，排队车辆开始消散。假设这个过程中公交车的加速度为 a，前车的最大速度为 v_f，后车到达前车获得最大速度的截面时对应的速度为 v_l，可以得到两车的车头时距 h 如式 4.11 所示。

$$h = \Delta l / v_l + \Delta t + (v_l - v_f)/a \tag{4.11}$$

式中：Δl—前后两辆公交车的车头间距，单位 m；

　　Δt—车辆启动损失时间，单位 s。

根据交通流理论，交通流密度较大时，速度分布则服从指数分布即 $f(v) = \lambda e^{-\lambda v}$，$\lambda$ 的似然估计值为 $\lambda = \frac{1}{n} \sum_{i=1}^{n} v_i$。由概率论的相关知识可解出概率密度函数，具体见式 4.12：

$$f(h) = a\lambda e^{-a\lambda(h - \Delta t)} \tag{4.12}$$

假设在时间段 T 内到达 k 辆公交车，T 可以表达为 $k-1$ 个车头时距，具体见式 4.13。

$$T = h_1 + h_2 + \ldots + h_{k-1} \tag{4.13}$$

因此，在时间段 T 内到达的公交车车辆数不少于 k 的概率如式 4.14 所示：

$$P(\geqslant k) = 1 - \sum_{i=o}^{k-1} \frac{(a\lambda)^i}{i!} e^{-a\lambda(T - \Delta t)} \tag{4.14}$$

所以，上游交叉口直行公交车的到达分布如式 4.15 所示：

$$P_s(k) = \frac{(a\lambda)^k}{k!} e^{-a\lambda(T - \Delta t)} \tag{4.15}$$

同理，上游交叉口的左转公交车的到达分布如式 4.16 所示[36]：

$$P_l(k) = \frac{(a\lambda)^k}{k!} e^{-a\lambda(T - \Delta t)} \tag{4.16}$$

根据上游交叉口公交车的到达分布特性，可得到在目标交叉口相位的最小绿灯时间 $g_{\min}$ 内到达的左转车辆数 q_l、直行车辆数 q_s、右转车辆数 q_r。具体如式 4.17 至 4.19 所示。

$$q_l = g_{\min} \times P_l(k) = g_{\min} \times \frac{(a\lambda)^k}{k!} e^{-a\lambda(T - \Delta t)} \tag{4.17}$$

$$q_s = g_{min} \times P_s(k) = g_{min} \times \frac{(a\lambda)^k}{k!} e^{-a\lambda(T-\Delta t)} \qquad (4.18)$$

$$q_r = g_{min} \times P_r(k) = g_{min} \times \frac{(q_{jr}t)^k e^{-q_{jr}t}}{k!} \qquad (4.19)$$

进而得到目标交叉口在最小绿灯时间内到达的公交车的车辆数,具体如式4.20:

$$Q_a = q_l + q_s + q_r = \frac{g_{min}}{k!} \left[(a\lambda)^{2k} e^{-2\lambda(T-\Delta t)} + (q_{jr}t)^k e^{-q_{jr}t} \right] \qquad (4.20)$$

假设公交车钩形左转待行区内最多可容纳 Q_m 个公交车辆,如果在最小绿灯时间期间内左转待行区内的公交车不排队溢出,则需满足以下条件,具体如式4.21所示:

$$Q_a \leqslant Q_m \qquad (4.21)$$

(3)交叉口右转车流量临界值

交叉口实施钩形左转弯需要将公交车左转车道移至最外侧车道,在最外侧车道的左转公交车会对交叉口的右转车流的运行产生影响。本节讨论右转车流是否设置专用车道两种情况,通过分析两种情况下的钩形左转公交车及右转车流的运行特性并比较两种情况下公交车的延误增量来确定最优的右转渠化方案,并根据相应的渠化方案确定公交车钩形左转弯交叉口的右转流量临界值。

假设交叉口不设置右转专用车道,即右转车辆不受信号控制,左转公交车与直行车流、右转车流共用同一条车道,图4.10是左转公交车流与右转车流的行驶轨迹,由图清晰可知右转不设置专用车道时,只有右转车流存在换道行为。

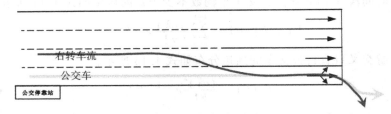

图 4.10 不设置右转专用车道情况下的车流运行轨迹

假设交叉口设置右转专用车道,右转车辆仍无信号控制,右转车辆行驶在最外侧车道,左转公交车与直行车辆共用次外侧车道,具体如图4.11所示。在这种情况下,左转公交车以及右转车流若想通过交叉口均需换道。此时,公交车及右转车流的延误均有所增加。而且,公交车在次外侧车道行驶,这不利于公交车直接驶入交叉口内部的待行区。

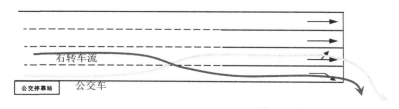

图 4.11 设置右转专用车道情况下的车流运行轨迹

交叉口实施公交车钩形左转的主要目的是减小公交车因交叉口禁左而增加的延误。如果交叉口的渠化设置会导致公交车在进口道处需要换道,则需要考虑公交车由于换道行为而增加的延误。本节将分别阐述在上述提出的两种情况中公交车的延误增加量。

设置右转专用车道情况下公交车的换道延误主要有自身换道延误及右转车流换道干扰延误两个部分,其中自身换道延误指的是由于换道行程、速度变化等因素而导致公交车在换道过程中增加的自身延误;右转车流换道干扰延误指的是右转车流在换道时对目标车道上的公交车造成干扰而使公交车增加的延误。在换道过程中影响延误的因素还有驾驶员,道路交通状况等一些不确定因素,本章忽略这些因素,主要考虑车辆本身来建立延误模型。

①公交车自身换道延误计算模型

与正常直行时的车速相比,在换道过程中公交车的车速有很大不同,行车距离也会有所变化。所以,换道时的公交车的延误相比于正常直行会有所增加。公交车换道过程如图 4.12 所示。

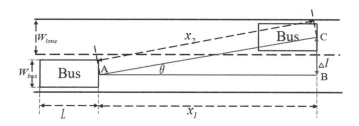

图 4.12 公交车自身换道延误相关参数

由图 4.12 可知,公交车正常直行与换道两个过程中的实际行驶距离是有差异的,换道过程中的行驶距离更长。图中 x_1 为公交车直行情况下的行驶距离,x_2 为公交车换道过程的行驶距离,可见 $x_2 > x_1$。根据图 4.10 的渠化方案,公交车需要由最外侧车道换道至次外侧车道,公交车换道过程中的横向移动距离为 Δl,公交车的车身宽度为 W_{bus},次外侧车道宽为 W_{lane},由图 4.11 可知,$W_{bus} \leqslant \Delta l$

$\leqslant 2W_{lane}-W_{bus}$,在实际道路中,公交车车身宽度与车道宽度比较相近,本章即规定 $\Delta l=W_{lane}{}^{[37]}$。

公交车换道自身延误主要是由于车速、行驶距离等因素决定,具体计算模型如式 4.22 所示:

$$D_1 = W_{lane} \times \left(\frac{1}{v_{AC}\sin\theta} - \frac{1}{v_{AB}tan\theta} \right) \qquad (4.22)$$

式中:D_1——公交车换道自身延误,s;

W_{lane}——车道宽度,m;

v_{AC}——公交车换道时车速,m/s;

v_{AB}——公交车直行时车速,m/s;

θ——公交车的换道角度。

②右转车流换道干扰延误计算模型

右转车流换道干扰延误主要是由右转车流的汇入引起公交车延误增加。右转车流汇入会导致在当前车道正常行驶的公交车减速甚至停车等待,这是计算右转车流换道干扰延误的主要考虑因素。右转车流换道干扰公交车行驶的具体过程如图 4.13 所示。

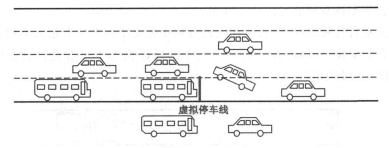

图 4.13　右转车流换道干扰过程示意图

由图 4.13 可看出,右转车流在换道的过程中影响了目标车道即最外侧车道上的公交车的正常运行,右转车流换道时,目标车道上的公交车首车前方产生了一个虚拟的停车线,公交车由正常行驶状态转为了减速停车—排队—释放的过程,虚拟停车线将持续至右转车流完成换道。即虚拟停车线存在的时间为右转车流完成换道所需要的时间。虚拟停车线存在的时间计算模型如式 4.23 所示。

$$t_h = \frac{W_{lane}}{\sin\theta \times V_{cr}} \qquad (4.23)$$

式中:t_h——虚拟停车线存在时间,单位 s;

V_{cr}——右转车换道过程车速,单位 m/s。

右转车流换道会导致后面的公交车有一个停车—排队—释放的过程,这个过程中公交车增加的延误如图 4.14 所示。

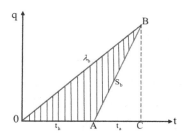

图 4.14　公交车停车—释放延误示意图

在图 4.14 中,t_a 为右转车流干扰结束公交车完全释放所需要的时间,具体计算如式 2.24 所示。

$$t_a = \frac{\lambda_b \times t_h}{S_b - \lambda_b} \tag{4.24}$$

式中:λ_b—公交车饱和释放流率,单位 veh/s;

S_b—公交车车道上公交车到达率,单位 veh/s。

由图 4.14 所示,公交车因右转车流换道干扰而增加的延误为图中阴影面积即 $S_{\triangle OAB}$。

由几何关系可得到式 4.25,式 4.26。

$$S_{\triangle OAB} = \frac{t_h \times BC}{2} \tag{4.25}$$

$$S_b = \frac{BC}{t_a} \tag{4.26}$$

因此右转车流换道对目标车道中的公交车造成的延误 $d(t)$ 按式 4.27 计算:

$$d(t) = \begin{cases} 0 & t \geqslant t_c \\ \dfrac{S_b \lambda_b t_h^2}{2(S_b - \lambda_b)} & t < t_c \end{cases} \tag{4.27}$$

式中:t—右转车辆换道时目标车道前后公交车辆的车头时距,单位 s;

t_c—右转车流换道未造成干扰时公交车辆的临界车头时距,单位 s。

所以,右转车流换道时对目标车道公交车辆产生的延误模型如式 4.28 所示[36]:

$$D_2 = \int_0^\infty p(t)d(t)dt \tag{4.28}$$

式中：$p(t)$—右转车流换道间隙 t 的概率密度函数。

通过对公交车自身换道延误模型以及右转车流换道干扰模型的研究，可求得最终在设置右转车道的条件下，公交车增加的延误为 $D_总＝D_1＋D_2$。

由图 4.10 可知，不设置右转专用车道时公交车则无需从最外侧车道换道至此外侧车道，那么公交车增加的延误主要是由右转车流的汇入干扰引起的即右转车流换道干扰延误，即总延误为 $D_总＝D_2$。相比于设置右转专用道的情况下，不设置右转专用道可避免公交车自身换道产生的延误。

通过比较两种情况下的延误增加情况可知，第一种情况下的延误为右转车流换道干扰延误与公交车换道自身延误之和即 $D_总＝D_1＋D_2$；第二种情况下的延误为右转车流换道干扰延误即 $D_总＝D_2$。由此可见，设置右转专用车道情况下的公交车延误明显大于设置混合车道情况下的公交车延误。因此，实施公交车钩形左转弯的交叉口不宜设置右转专用车道。公交车钩形左转弯交叉口的右转车流量临界值即为不设置右转专用道条件下的右转车流量临界值。因此，在公交车钩型左转弯交叉口中，最外侧车道设置为左直右混合车道。

相关研究表明[38]，交叉口不设置右转专用车道需要满足单进口道的直行交通量不超过 450veh/h 且右转车流量不超过 300veh/h。所以，公交车钩型左转弯交叉口单进口道的右转车流量应该满足：$q_右≤300veh/h$，直行流量满足 $q_直≤450veh/h$。

4.4 公交车钩形左转弯交叉口渠化方案及交通特性

4.4.1 公交车钩形左转弯交叉口渠化方案

在实际中根据交叉口的实际流量值以及不同车道间的多种组合，交叉口的渠化方案有很多种。在 4.3.2 节中通过分析不同渠化条件的公交车的延误增量得出公交车钩形左转交叉口不宜设置右转专用车道。基于上述条件，本章对交叉口的具体情况做出如下假设：

(1)交叉口为标准的十字交叉口且交叉口的东西南北四个方向均禁止左转；

(2)在交叉口内部的四个方向均设置公交车钩形左转待行区；

(3)交叉口的四个进口方向均不设置右转专用车道，最外侧车道为左转公交车、直行车辆、右转车辆的共用车道；

交叉口四个方向的车道配置具体如图 4.15 所示。

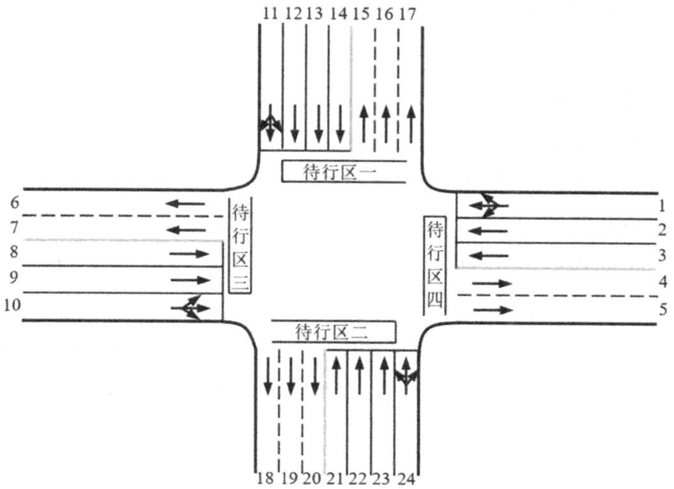

图 4.15 公交车钩型左转弯交叉口渠化设计方案

公交车钩型左转待行区设置在停车线的前方。公交车是随着直行车流进入待行区的,为了不影响直行车辆的正常行驶,公交车待行区需要沿着公交车的前进方向向右侧偏移一段距离,以确保公交车与运行的直行车流保持一定的安全距离。待行区停车线与相交道路远端边线的距离设置为 3.5 米,以保证公交车的正常转弯。左转待行区的宽度需要根据公交车的车身宽度而定。城市中较为常见各个型号的公交车参数如表 4.2 所示[39]。

表 4.2 不同长度公交车的车身宽度

车身长度(m)	12	11.5	10.5	9.5	9	8.5	8
车身宽度(m)	2.5	2.5	2.5	2.5	2.45	2.45	2.45

通过表 4.2 可以看出,城市中的大部分公交车车身宽度均在 2.45—2.5m 之间,为了保障公交车的正常运行,公交车钩形左转弯待行区的宽度均设置为 3.5 米。

4.4.2 公交车钩形左转弯交叉口交通特性分析

当交叉口的放行方式发生变化,交叉口的车流安全特性以及各个方向车流的通行效率也会随之发生变化。本节将基于图 4.15 的渠化设计方案分别对车流安全特性以及车流的通行效率进行详细分析。其中,安全特性的研究主要从冲突点及小时冲突数两方面进行说明,车流的通行效率主要研究受公交车钩型左转弯影响的直行车流及右转车流。

（1）公交车钩形左转弯交叉口车辆运行安全特性分析

①公交车钩形左转弯交叉口冲突点分析

当交叉口的渠化设计方案及信号控制方案发生变化时，交叉口车辆的运行安全特性也会随之发生变化。一旦交叉口实施公交车钩形左转弯，车流的放行方式相比于传统交叉口会有很大差异，所以分析公交车钩形左转弯交叉口的交通流安全特性是非常必要的[39]。本节将以交叉口冲突点作为研究对象分析车流安全特性。冲突点图是一种简单易懂的工具用于分析交叉口内部安全特性。在交叉口内部的不同方向的车流之间会产生不同类型的冲突点。交叉口内部的冲突点越多，则代表发生交通事故的潜在风险越大。公交车钩型左转弯交叉口的冲突点如图4.16所示，传统禁左交叉口的冲突点如图4.17所示。

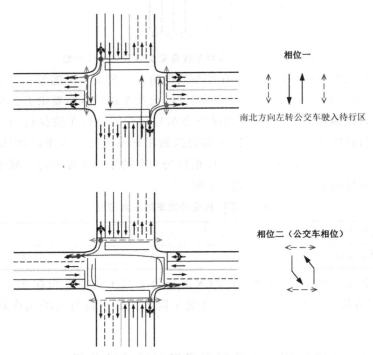

相位一

南北方向左转公交车驶入待行区

相位二（公交车相位）

(a)公交车钩形左转弯交叉口一、二相位车流冲突点图

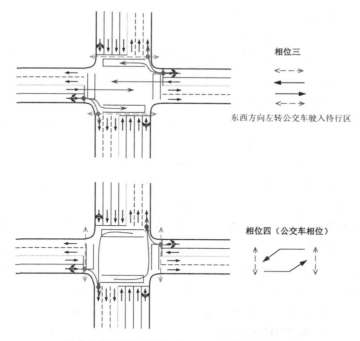

相位三

东西方向左转公交车驶入待行区

相位四（公交车相位）

（b）公交车钩形左转弯交叉口三、四相位车流冲突点图

图 4.16　公交车钩型左转弯交叉口车流冲突点图

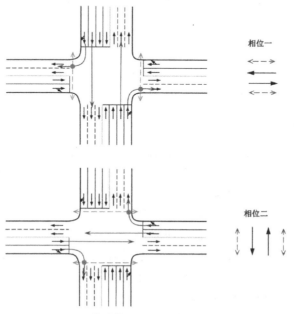

相位一

相位二

图 4.17　传统禁左交叉口车流冲突点分析

交叉口的车流冲突主要包括分流冲突、合流冲突、交叉冲突三种。

分流冲突是指同一方向的车流分散行驶到其他方向上的情形。这种情况下,前方行驶的车辆会一定程度上阻碍后续车辆的正常运行,不过分流冲突对交叉口的整体运行影响较弱。

合流冲突是指同一条道路上不同方向的交通量合并而引起的冲突。在车辆合流的过程中,一个方向的车流肯定会受到其他方向车流的干扰。因此,合流冲突对交叉口车流运行的影响程度要大于分流冲突。

交叉冲突是指不同方向的车流朝不同的方向行驶时产生的冲突,交叉冲突是三种冲突中最危险的,交叉冲突越多代表交通事故发生的可能性越大。

由图 4.16 可以看出,交叉口在实施公交车钩型左转弯这一交通组织后,其车流的冲突类型主要包括分流冲突、合流冲突、交叉冲突。最影响交叉口运行的交叉冲突主要是存在于右转车流与行人间。机动车与机动车之间,机动车与公交车之间均不存在车流的交叉冲突。在图 4.17 中,可以看出在禁左交叉口中只存在机动车与行人的交叉冲突。为了更清晰地表达两种形式的交叉口的冲突情况,表 2.3 中分别记录了两种交叉口的冲突点个数,具体如表 4.3 所示。

表 4.3　钩型左转弯交叉口与传统禁左交叉口车流冲突点对比分析

冲突点类型		冲突点个数	
		公交车钩型左转弯交叉口	正常禁止左转交叉口
车辆与车辆之间	分流	4	0
	合流	4	0
	交叉	0	0
车辆与行人之间	分流	0	0
	合流	0	0
	交叉	8	4

由表 4.3 可知,正常的禁左交叉口的冲突点主要是右转车辆与行人之间的交叉冲突共计 4 个;实施公交车钩型左转弯后的信号相位由原来的二相位增加至四相位,所以车辆与行人之间的交叉冲突有所增加。车辆与车辆之间的增加的冲突点主要是分流冲突以及合流冲突。

由图 4.16、图 4.17、表 4.3 可以得出,总体而言,公交车钩型左转弯交叉口增加的冲突点均为合流及分流冲突点。合流冲突点及分流冲突点是公交车与右转车流的冲突。交叉口的右转车流辆和公交车车流量均不大,所以整体对交叉口的影响较小。相比于正常传统的禁左交叉口,实施公交车钩型左转弯最关键的优势在于，在不严重影响交叉口的正常运行的情况下，能够最大限度地避免公交车因绕行而增加的延误。为了更加准确地评价实施公交车钩型左转弯交叉口的安全性，下面将引入小时冲突数作为交叉口安全准则的评价指标从而反映交叉口的潜在危险程度。

② 公交车钩形左转弯交叉口小时冲突数计算模型

不同信号交叉口的周期不同，相位也不同，所以交叉口的冲突数不能仅仅把各个相位的冲突点相加，而是要根据不同相位不同的绿灯时间来计算一个周期的交叉口冲突数并进一步计算小时冲突数。

通过上节对交叉口冲突点的分析可知，在公交车钩型左转弯交叉口内部，合流冲突以及分流冲突主要存在于机动车与机动车之间；交叉冲突仅发生在机动车与行人之间。图4.18为公交车钩型左转弯交叉口合流冲突示意图，H为右转车A和公交车B在交叉口处的合流冲突点。

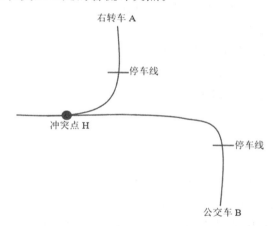

图 4.18　公交车钩型左转弯交叉口合流冲突示意图

假设右转车 A 先到达冲突点 H，公交车 B 后到达冲突点，那么，右转车 A 与公交车 B 发生冲突的条件如式 4.29 所示：

$$t_a + t_r + t_1 \leqslant t_b + t_s + t_2 + \Delta t \qquad (4.29)$$

式中：t_a——右转车 A 的启动时刻，单位 s；

　　t_b——公交车 B 的启动时刻，单位 s；

　　t_r——右转车 A 的启动延误，单位 s；

　　t_s——公交车 B 的启动延误，单位 s；

　　t_1——右转车 A 行驶至冲突点处的时间，单位 s；

　　t_2——公交车 B 行驶至冲突点处的时间，单位 s；

Δt—临界间隔。右转车流出现可穿越间隙时,在保证行驶安全的情况下,公交车 B 穿过冲突点的最小时间间隔,单位 s。

相关研究中[40],临界间隔 Δt 的取值是在 6—9s,根据国内的实践经验,一般来说临界间隔在 7s 至 9s 之间。在实际的应用中根据具体情况进行取值。

①交叉口机动车之间的小时冲突数计算模型

交叉口的饱和度较低时,车辆在一定时间间隔内的到达都是随机的。冲突点有车辆到达的概率如式 4.30 所示:

$$P(k \geqslant 1) = 1 - \sum_{i=0}^{k-1} \frac{(\lambda \Delta t)^i e^{-\lambda \Delta t}}{i!} \tag{4.30}$$

式中:$P(k \geqslant 1)$—有车辆到达冲突点的概率;

λ—车辆的平均到达率,单位辆/s;

e—自然对数的底,取值为 2.71828。

由于交叉口本身的车流密度不大,故在临界间隙时间间隔内同时有多辆车到达冲突点的情况是比较少的而且本章研究的是右转车 A 与公交车 B 同时到达冲突点的概率,所以有车辆到达冲突点的概率更改为式 4.31。

$$P_H = P(k=1) = \lambda \Delta t e^{-\lambda \Delta t} \tag{4.31}$$

那么右转车 A,公交车 B 到达交叉口冲突点的概率分别如式 4.32,式 4.33 所示:

$$P_H^A = \lambda_A \Delta t e^{-\lambda_A \Delta t} \tag{4.32}$$

$$P_H^B = \lambda_B \Delta t e^{-\lambda_B \Delta t} \tag{4.33}$$

式中:λ_A—右转车流 A 的平均到达率,单位辆/s;

λ_B—公交车流 B 的平均到达率,单位辆/s。

在临界间隙 Δt 内,右转车 A 与公交车 B 发生冲突则代表在 Δt 内右转车与公交车均到达冲突点,所以 A 车与 B 车发生冲突的概率定义为两辆车到达冲突点的概率之积,具体如式 4.34 所示:

$$P_{AB} = P_H^A \times P_H^B = \lambda_A \lambda_B (\Delta t)^2 e^{-\Delta t(\lambda_A + \lambda_B)} \tag{4.34}$$

公交车钩型左转弯交叉口一共设置了 n(本章 n 取 4)个相位,信号周期长度为 C,不同相位的绿灯时间为 k_n,则交叉口的某一进口方向某一相位右转车 A 与公交车 B 的小时冲突总数如式 4.35 所示:

$$N_{AB}^n = \frac{3600}{C} \times \frac{k_n}{\Delta t} \times (\Delta t)^2 \times \lambda_A \lambda_B e^{-\Delta t(\lambda_A + \lambda_B)} = \frac{3600 k_n \Delta t \lambda_A \lambda_B e^{-\Delta t(\lambda_A + \lambda_B)}}{C}$$

$$\tag{4.35}$$

式中:N_{AB}^n—右转车 A 与公交车 B 的小时冲突总数;

C ——信号周期长度,单位 s。

②交叉口机动车行人之间的小时冲突数计算模型

机动车间的冲突临界间隔 Δt 设定为 $7-9\mathrm{s}$,国内外相关研究,徐良杰[41] 提出了交叉口行人过街的平均穿越间隙取值为 $4.5\mathrm{s}$,具体取值应结合实际情况。本章建议取值 Δt 为 $4.5\mathrm{s}$。

与机动车—机动车之间的小时冲突数计算模型的建立原理相同,假设 C 代表行人流,行人与机动车最大的区别是,同时到达冲突点的机动车超过 1 辆的概率较小甚至几乎为 0,行人的交通特性与机动车有较大差异。在建立机动车之间的小时冲突数模型的过程中基于机动车的运行特性,忽略了同时到达冲突点的车辆数大于 1 时的情况,行人到达冲突点的概率则不能忽略这种情况,所以行人流 C 到达冲突点 H 的概率按式 4.36 计算:

$$P_H^C = 1 - e^{-\lambda_c \Delta t} \tag{4.36}$$

式中:P_H^C ——行人流到达冲突点的概率;

λ_c ——行人流单位时间间隔内的平均到达率,单位人 $/\mathrm{s}$。

在临界间隙 Δt 内,右转车 A 与行人流 C 发生冲突的概率为式 4.37 所示:

$$P_{AC} = P_H^A \times P_H^C = \lambda_A \Delta t e^{-\lambda_A \Delta t} \times (1 - e^{-\lambda_c \Delta t}) \tag{4.37}$$

在公交车钩型左转弯交叉口,一个周期内的所有相位中均存在右转车与行人间的冲突。所以某一进口方向右转车与行人流之间的小时冲突数可以表达为式 4.38:

$$N_{AC}^n = \frac{3600}{C\Delta t}\lambda_A \Delta t e^{-\lambda_A \Delta t} \times (1 - e^{-\lambda_c \Delta t}) = \frac{3600\lambda_A e^{-\lambda_A \Delta t} \times (1 - e^{-\lambda_c \Delta t})}{C} \tag{4.38}$$

式中:N_{AC}^n ——右转车 A 与公交车 B 的小时冲突总数;

C ——信号周期长度,单位 s。

通过交叉口的冲突点图以及小时冲突数模型的建立可以准确地了解公交车钩型左转弯交叉口的车流运行安全特性。与传统的禁止左转交叉口相比,公交车钩型左转弯交叉口并没有增加危险程度较高的交叉冲突点,增加的合流冲突、分流冲突 对交叉口的影响程度较小,与此同时钩型左转弯这一组织形式的设置大大提高了公交车的运行效率。就交叉口的安全特性而言,设置公交车钩型左转弯的正面效益远大于负面影响。

(2)公交车钩形左转弯交叉口车流通行效率分析

①直行车流通行效率分析

通过比较图 4.13 与图 4.14 可知,相比正常的禁左交叉口,交叉口在实施公交车钩型左转弯这一组织形式后,由于待行区在最外侧车道偏右位置处,所以进入待行区等待左转弯的公交车并不会阻碍同一车道上后面行驶直行车流的正常通行。那么直行车流不会受到其他方向车流的干扰。不过当左转车流流量过大时,由于交叉口内待行区的容量有限,公交车容易产生排队上溯从而会对直行车流产生一定的干扰。总之在公交车钩型左转弯交叉口直行车流依然可以保持相对无干扰的正常行驶。

在公交车钩型左转弯交叉口中,影响直行车流正常运行的因素主要是信号控制方案的改变。实施公交车钩型左转,信号相位由原来的两相位会增加至四相位,直行车流的等待时间会有所增加。

②右转车流通行效率分析

对于右转车流,在正常的禁止左转交叉口中,本章假设右转车流不受信号灯的控制,所以影响右转车流的因素主要是行人过街以及共用车道前方的直行车流。公交车钩型左转弯交叉口相比较正常的禁左交叉口影响右转车流正常的因素主要有以下区别:

当左转公交车进入待行区停车等待的行驶过程中,公交车与右转车流共用同一条车道,所以在空间上会产生分流冲突,这可能会降低右转车流的运行速度。

当待行区内的公交车完成左转时,行驶至相交道路处会与对向的右转车流产生合流冲突,公交车与右转车流同时汇入到同一行驶线,同样也会影响右转车流的正常行驶。

在正常的禁止左转交叉口,右转车流仅受共用车道内的直行车流的影响,公交车钩型左转弯交叉口内的右转车流则要受共用车道上的直行车流以及左转的公交车流的影响。由于交叉口内的空间有限,待行区能够容纳公交车的数量有限,所以待行区内左转公交车有排队上溯的可能。因此,右转车流的通行效率还取决于左转公交车的流量。

5 城市区域交通主动预控制方法提出

主动预控制要在拥堵形成前加以干预,以达到控制效果最大化的目标,在初始控制交叉口启动时机及控制范围选定的前提下,需要对关键交叉口周边加以控制同时启动过渡方案,在缓解瓶颈到达的情况下最小化对交通流的影响。传统控制手段多基于绿灯时间和相位差来加以控制,本章增加了相位的增减这一要素,在有限的周期时间内最大化路网的通行效率,最后用仿真平台进行验证,将该方法与传统控制相比,来证明本章算法的有效性。

5.1 主动预控制方案

5.1.1 预控制状态分析

当路网中部分交叉口出现排队无法消散,说明已出现放行能力已基本达到饱和的状态,但上游交叉口仍保持较大放行量,会使交叉口的供需平衡进一步被打破,整个交通由轻度拥堵转化为中度拥堵。在拥堵初期,瓶颈交叉口周边受供给和需求的限制一般不会出现大量的累积,因此会出现以瓶颈为中心扩散的大范围拥堵。

预控制所插入的交通状态路网并未进入到中度拥堵,尚未对交通造成重大影响,在拥堵的初期进行管控策略上有以下几个特点:

(1)在拥堵的初期介入预控制方案,交通的供需平衡虽有所打破,但还处于初期阶段,通过及时的方案切换可有效地对周边进行调控,维持状态的平衡,最大限度的延缓进入到严重拥堵时间。

(2)瓶颈点虽初步显现,但周边尚未进入瓶颈阶段,通过周边可有效地调节。

(3)虽有严重拥堵的趋势,但还处于可控阶段。

轻度拥堵是交通流向严重拥堵衍化的初始状态,整体尚未进入到造成重大交通损失的严重拥堵阶段，以轻度拥堵中心控制点开始初始控制，其周边尚未进入到拥堵状态，从而给予了道路更多的调控空间，瓶颈点的供需问题可向周边借用资源来维持平衡，主动预控制在初期的干预可有效调节交通平衡。

5.1.2 主动预控制流程

主动预控制在确定好启动阈值及划分好控制边界后，首先要对路网事故和施工状况进行判断，通过重复放行来避免偶发性瓶颈的产生，后续依据信号机控制模式分成可变周期及不可变周期两种调节手段，针对上下游饱和度进行有针对性的调节，并将相位的搭接变换加入到主动预控制，使方案更加灵活，更高效利用周期时间，最后针对瓶颈点的信号周期内进行调节图如 5.1 所示：

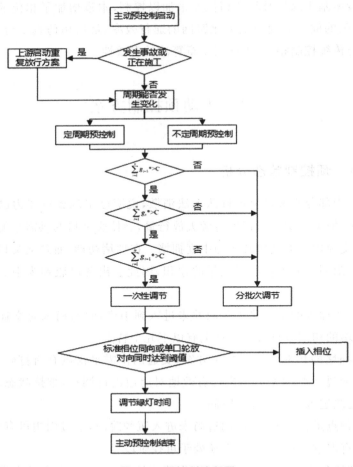

图 5.1 预控制流程图

5.2 交叉口主动预控制模型

交叉口主动预控制根据目前的城市控制策略分为定周期和不定周期两种，现有的城市控制在平峰过渡到高峰通常伴随着定周期的扩大以及相应相位时间的延长，其目的是是缓解关键交通流方向上的压力，减小相同时间内时间的车辆启动和停止造成的损失，在预控制模型中需考虑两种情况下的绿灯时间分配，若交通需求较大，需将主相位绿灯时间分批次进行增加，本章以主要考虑低峰向高峰过渡的状态，故选取使用频次最高的基础四相位来做作为基础相位，如图 5.2 所示：

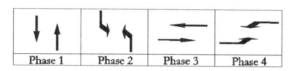

图 5.2 基础四相位图

5.2.1 不可变周期下预控制

在不可变周期交通状态下，重交通流方向的消散通过周边进行协调，通常以主控点在下游存在绿灯剩余的情况下，适当压缩其他相位时间，增加瓶颈相位的绿灯时间，同时增加下游路口其放行效率；对上游路口存在绿灯剩余情况下，可适当减少向主控点的车辆输入，减少主控点车辆下行压力。本模型均以东西直行为瓶颈相位为例，若实际其他相位出现瓶颈，理论与本章理论相同。

（1）在主控点周边压力较小的情况下的，可将主控点排队车辆进行向下游进行疏散，同时对上流进行流量控制，防止排队车辆疏散后继续积压，控制时间及瓶颈交叉口配时如图（5.2）—（5.6）所示：

安德伍德模型比较适合密度较低型如式（5.1）所示：

$$v = v_f e^{\frac{K}{K_m}} \tag{5.1}$$

式中：v_f——自由流速度，单位 m/s；

K——流密度，单位 pcu/m；

K_m——密度，单位 pcu/m。

$$t_1 = \frac{l_i - l_n}{v_f e^{\frac{K}{K_m}}} \tag{5.2}$$

式中：l_i——交叉口极限排队长度，单位 m；

$\quad l_n$——交叉口理想排队长度，单位 m。

$$g_1{}^* = g_{1,\max} = g_i + \frac{l_i - l_n}{v_f e^{\frac{K}{K_m}}} \tag{5.3}$$

$$g_2{}^* = \max\{(C - g_{1,\max})\frac{\lambda_2}{\lambda_2 + \lambda_3 + \lambda_4}, \frac{q_{2,\max} \cdot l_\sigma}{v_f e^{\frac{K}{K_m}}}\} \tag{5.4}$$

$$g_3{}^* = \max\{(C - g_{1,\max})\frac{\lambda_3}{\lambda_2 + \lambda_3 + \lambda_4}, \frac{q_{3,\max} \cdot l_\sigma}{v_f e^{\frac{K}{K_m}}}, g_{p,\min}\} \tag{5.5}$$

$$g_4{}^* = \max\{(C - g_{1,\max})\frac{\lambda_4}{\lambda_2 + \lambda_3 + \lambda_4}, \frac{q_{4,\max} \cdot l_\sigma}{v_f e^{\frac{K}{K_m}}}\} \tag{5.6}$$

式中：l_σ——车辆所占有的长度（包括车身和行车间距），单位 m；

$\quad \lambda_i$——瓶颈交叉口车辆的绿信比，单位 s；

$\quad g_{1,\max}$——瓶颈交叉口第一相位最大绿灯，单位 s；

$\quad C$——周期长度，单位 s；

$\quad g_i{}^*$——变换后相位绿灯时长，单位 s；

$\quad q_{i,\max}$——交叉口当前相位最大绿灯，单位 s；

$\quad g_{p,\min}$——行人最小绿灯通行时间，单位 s。

对下游交叉口需增加向关键交叉口关键相位的车辆流入，配时如式（5.7）—（5.10）所示：

$$g_{1,i-1}{}^* = \max\{(g_{1,i-1} + \frac{\lambda_{i-1,s} \cdot (g_i^* - g_1) \cdot q_{i,s}}{\lambda_{i-1,s}q_{i-1,s} + \lambda_{i-1,L}q_{i-1,L}}), \frac{q_{1,\max} \cdot l_\sigma}{v_f e^{\frac{K}{K_m}}}, g_{p,\min}\} \tag{5.7}$$

$$g_{2,i-1}{}^* = \max\{(g_{2,i-1} + \frac{\lambda_{i-1,L} \cdot (g_i^* - g_1) \cdot q_{i,S}}{\lambda_{i-1,s}q_{i-1,s} + \lambda_{i-1,L}q_{i-1,L}}), \frac{q_{2,\max} \cdot l_\sigma}{v_f e^{\frac{K}{K_m}}}\} \tag{5.8}$$

$$g_{3,i-1}{}^* = \max\{(C - g_{1,i-1}{}^* - g_{2,i-1}{}^*)\frac{\lambda_3}{\lambda_3 + \lambda_4}, \frac{q_{3,\max} \cdot l_\sigma}{v_f e^{\frac{K}{K_m}}}, g_{p,\min}\} \tag{5.9}$$

$$g_{4,i-1}{}^* = \max\{(C - g_{1,i-1}{}^* - g_{2,i-1}{}^*)\frac{\lambda_4}{\lambda_3 + \lambda_4}, \frac{q_{4,\max} \cdot l_\sigma}{v_f e^{\frac{K}{K_m}}}\} \tag{5.10}$$

式中：$g_{i,i-1}{}^*$——下游交叉口变化后的绿灯时间，单位 s；

$\quad q_{i-1,L}$——交叉口瓶颈相位驶入下游直行的流率，单位 pcu/s；

$\quad q_{i-1,s}$——交叉口瓶颈相位驶入下游左转的流率 pcu/s；

$\quad \lambda_{i-1,s}$——交叉口瓶颈相位驶入下游直行相位的绿信比；

$\quad \lambda_{i-1,L}$——交叉口瓶颈相位驶入下游左转相位的绿信比。

对上游交叉口驶入瓶颈相位交通流同样需要进行时间控制,控制流程与控制下游交叉口同理,如式(5.11)—(5.14)所示:

$$g_{1,i+1} * = \max\left\{\left(g_{1,i+1} + \frac{\lambda_{i+1,s} \cdot (g_1^* - g_1) \cdot q_{i,S}}{\lambda_{i+1,s}q_{i+1,s} + \lambda_{i+1,L}q_{i+1,L}}\right), \frac{q_{1,\max} \cdot l_\sigma}{v_f e^{\frac{K}{K_m}}}, g_{p,\min}\right\}$$

(5.11)

$$g_{2,i+1} * = \max\left\{(C - g_{1,i-1} * - g_{4,i-1} *) \frac{\lambda_2}{\lambda_2 + \lambda_3}, \frac{q_{2,\max} \cdot l_\sigma}{v_f e^{\frac{K}{K_m}}}\right\} \quad (5.12)$$

$$g_{3,i+1} * = \max\left\{(C - g_{1,i-1} * - g_{4,i-1} *) \frac{\lambda_3}{\lambda_2 + \lambda_3}, \frac{q_{3,\max} \cdot l_\sigma}{v_f e^{\frac{K}{K_m}}}, g_{p,\min}\right\}$$

(5.13)

$$g_{4,i+1} * = \max\left\{\left(g_{4,i+1} + \frac{\lambda_{i+1,L} \cdot (g_1^* - g_1) \cdot q_{i,L}}{\lambda_{i+1,s}q_{i+1,s} + \lambda_{i+1,L}q_{i+1,L}}\right), \frac{q_{4,\max} \cdot l_\sigma}{v_f e^{\frac{K}{K_m}}}\right\} \quad (5.14)$$

式中:$q_{i+1,L}$——上游交叉口直行相位驶入下游瓶颈的流率,单位 pcu/s;

$q_{i+1,s}$——上游交叉口左转相位驶入下游瓶颈的流率,单位 pcu/s;

$\lambda_{i+1,s}$——上游交叉口直行相位驶入下游瓶颈相位的绿信比;

$\lambda_{i+1,L}$——上游交叉口左转相位驶入下游瓶颈相位的绿信比。

对于上下游交叉口绿灯时间的变换会对原本信号协调产生一定影响,会造成交通流的紊乱,故对主控交叉口上下游相位差做出调整以保证原有信号协调不被主动预控制所破坏,相位差的增减与主控相位的启动时间有着直接的关联,需依据其变化对控制区域内相位差做出合理变化。

对于上下游交叉口相位差如式(5.15)、(5.16)所示:

$$t_{p,i+1} * = t_{p,i+1} + t_{p,i} \quad (5.15)$$

$$t_{p,i-1} * = t_{p,i-1} + t_{p,i} \quad (5.16)$$

式中:$t_{p,i+1} *$——上游变更后相位差,单位 s;

$t_{p,i+1}$——上游原相位差,单位 s;

$t_{p,i-1} *$——下游变更后相位差,单位 s;

$t_{p,i-1}$——下游原相位差,单位 s;

$t_{p,i}$——关键交叉口关键相位延迟,单位 s。

若上下游交叉口同时触发主动预控制阈值,则采取同步放行措施,上下游同步放行,为了避免瓶颈交叉口进行主动预控制后,周边交叉口形成新的瓶颈点,要对瓶颈交叉口其控制范围内其它交叉口进行共同协调,对主控点上下游交叉口进行了绿灯时间以及相位差的调节,在其控制范围内其它交叉口调节方式均与主控点调节方式相同。

(2)有时主控点周边交通压力不可一次性将排队交通量疏散,需将分批次将主控点绿灯时间进行增加,上游路口放行时间缩减,控制时间如式(5.17)—(5.19)。也就是在预控制配时下,新相位的时间大于原相位的时间,且上下游饱和度同样较高,需控制的时间如式(5.20)所示:

$$\sum_{i=1}^{n} g_{i-1} * > C \tag{5.17}$$

$$\sum_{i=1}^{n} g_{i} * > C \tag{5.18}$$

$$\sum_{i=1}^{n} g_{i+1} * > C \tag{5.19}$$

$$t_1 * = \frac{l_i - l_n}{l\left[S_i - \sum_{j=1}^{n} \lambda_{i+1} Q_{i+1}\right]} \tag{5.20}$$

式中:S_i——路口当前周期内相位饱和流量,单位 pcu;

λ_{i+1}——上游路口驶入瓶颈方向绿信比;

$Q_{i+1,s}$——上游交叉口驶入瓶颈方向流量,单位 pcu。

对于瓶颈交叉口或上游交叉口新方案配时大于原周期情况,需将所控制的交通量分批加入进新的交通方案内,但所加的交通量要加以限制,在周边饱和度较高的情况下,过大的交通量介入会造成新一轮的拥堵,瓶颈会出现转移不利于预控制方案的继续运行,将可调节的绿灯如式(5.21)所示,并需满足(5.22)—(5.23)。

$$g_i * = g_{i,\max} = g_i + \frac{l_i - l_n}{m \cdot l\left[S_i - \sum_{j=1}^{n} \lambda_{i+1} Q_{i+1}\right]} \tag{5.21}$$

$$\frac{l_i - l_n}{m \cdot l\left[S_i - \sum_{j=1}^{n} \lambda_{i+1} Q_{i+1}\right]} \leqslant \Delta t_{i-1} \tag{5.22}$$

$$\frac{l_i - l_n}{m \cdot l\left[S_i - \sum_{j=1}^{n} \lambda_{i+1} Q_{i+1}\right]} \leqslant \Delta t_{i} \tag{5.23}$$

$$\frac{l_i - l_n}{m \cdot l\left[S_i - \sum_{j=1}^{n} \lambda_{i+1} Q_{i+1}\right]} \leqslant \Delta t_{i+1} \tag{5.24}$$

式中:m——调整时间所分次数;

ΔS_i——上游交叉口所有相位可调节最小交通量,单位 pcu;

Δt_{i-1}——下游交叉口所有相位可调节最小时间,单位 s;

Δt_i——瓶颈交叉口所有相位可调节最小时间,单位 s;

Δt_{i+1}——上游交叉口所有相位可调节最小时间,单位 s。

其余相位绿灯时间需根据目前上游交叉口配时情况进行,且其余相位绿灯时间和周边压力较低时一样,按比例进行分配,但直行相位不得低于最小绿灯时间,若低于最小绿灯则需从其他饱和度较低相位进行缩减。

上游交叉口驶入主控交叉口关键相位绿灯时间需做出调整,其余相位以及下游交叉口配时调整时间与瓶颈交叉口周边压力较小时一样,均在瓶颈交叉口调节后对周边交叉口进行调节,不过此时由于周边压力较大需要多次进行调节,通过多周期降低瓶颈路口内交通量,直至瓶颈结束控制时间如式(5.25)所示:

$$g_i * = g_{i,\max} = g_i + \frac{l_i - l_n}{m \cdot l[S_i - \sum_{j=1}^{n} \lambda_{i+1} Q_{i+1}]} \quad (5.25)$$

通过多次释放瓶颈点交通压力,平衡控制边界内车流量,在平峰过渡到高峰主动预控制可对周边进行较好的调控。

(3)有时主控点不止一个方向上出现拥堵,需依据拥堵方向情况来决定是否可以进行相位重组,依据现有的交通状态判断某一单方向的车流压力是否大于现有的绿灯放行,流向图如图 5.3 所示:

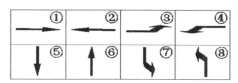

图 5.3　交叉口各方向流向图

现有的相位重组主要考虑两种方式一种为搭接相位,一种为重复放行。搭接相位是为了某两个方向上车流比例较大,通过相位的搭接来将两个重交通流相位整合为一个相位,更加合理的提升整体信号利用效率;重复放行是为了解决下游交叉口放行能力不足的问题,防止车流一次性贯入量过大,导致下游交叉口成为新的瓶颈点。

(1)搭接相位的介入

当同一方向直行与左转压力过大时,瓶颈交叉口执行和左转均达到主动预控制的处罚与之,需介入直左搭接相位,以②、④方向为例,瓶颈口配时如图(5.26)-(5.30)所示:

$$g_{1.5} * = \min\{C - \sum_{i=1}^{n} g_{i,\min}, \frac{(q_i - S_i)l_{cr}}{v_f e^{\frac{K}{K_m}}}\} \quad (5.26)$$

$$g_1 * = g_{1,\min} = \frac{l_\sigma q'_1}{v_f e^{\frac{K}{K_m}}} + t_s \tag{5.27}$$

$$g_2 * = g_{2,\min} = \frac{l_\sigma q'_3}{v_f e^{\frac{K}{K_m}}} + t_s \tag{5.28}$$

$$g_3 * = \max\left\{ (C - g_1^* - g_2^*) \frac{\lambda_3}{\lambda_3 + \lambda_4}, \frac{q_{3,\max} \cdot l_\sigma}{v_f e^{\frac{K}{K_m}}} \right\} \tag{5.29}$$

$$g_4 * = \max\left\{ (C - g_1^* - g_2^*) \frac{\lambda_4}{\lambda_3 + \lambda_4}, \frac{q_{4,\max} \cdot l_\sigma}{v_f e^{\frac{K}{K_m}}} \right\} \tag{5.30}$$

式中：q'_1——1 方向的流量，单位 pcu；

q'_3——3 方向的流量，单位 pcu；

t_s——启动时间，单位 s。

通过瓶颈交叉口的调整，增加了一个东直左的搭接相位，上下游的绿灯时间需依据瓶颈口搭接相位的调节做出具体调整如式（5.31）—（5.34），对于下游交叉口要保障其上游交叉口绿灯放行，同时保证其他相位最小通行时间。

$$g_{1,i-1} * = \max\left\{ \left(g_{1,i-1} + \frac{\lambda_{i-1,s} \cdot (g_1^* + g_{1.5}^* - g_1) \cdot q_{i,s}}{\lambda_{i-1,s} q_{i-1,s} + \lambda_{i-1,L} q_{i-1,L}} \right), \frac{q_{1,\max} \cdot l_\sigma}{v_f e^{\frac{K}{K_m}}}, g_{p,\min} \right\}$$
$$\tag{5.31}$$

$$g_{2,i-1} * = \max\left\{ \left(g_{2,i-1} + \frac{\lambda_{i-1,L} \cdot (g_2^* + g_{1.5}^* - g_1) \cdot q_{i,s}}{\lambda_{i-1,s} q_{i-1,s} + \lambda_{i-1,L} q_{i-1,L}} \right), \frac{q_{2,\max} \cdot l_\sigma}{v_f e^{\frac{K}{K_m}}} \right\}$$
$$\tag{5.32}$$

$$g_{3,i-1} * = \max\left\{ (C - g_{1,i-1} * - g_{2,i-1} *) \frac{\lambda_3}{\lambda_3 + \lambda_4}, \frac{q_{3,\max} \cdot l_\sigma}{v_f e^{\frac{K}{K_m}}}, g_{p,\min} \right\}$$
$$\tag{5.33}$$

$$g_{4,i-1} * = \max\left\{ (C - g_{1,i-1} * - g_{2,i-1} *) \frac{\lambda_4}{\lambda_3 + \lambda_4}, \frac{q_{4,\max} \cdot l_\sigma}{v_f e^{\frac{K}{K_m}}} \right\} \tag{5.34}$$

对于驶入搭接相位的车流要着重考虑，限制其向搭接相位的绿灯时间，同时也要保证其最小通行时间，瓶颈口下游配时如式（5.35）—（5.38）所示：

$$g_{1,i+1} * = \max\left\{ \left(g_{1,i+1} + \frac{\lambda_{i+1,s} \cdot (g_1^* - g_1) \cdot q_{i,s}}{\lambda_{i+1,s} q_{i+1,s} + \lambda_{i+1,L} q_{i+1,L}} \right), \frac{q_{1,\max} \cdot l_\sigma}{v_f e^{\frac{K}{K_m}}}, g_{p,\min} \right\}$$
$$\tag{5.35}$$

$$g_{2,i+1} * = \max\left\{ (C - g_{1,i+1} - g_{4,i+1}) \frac{\lambda_2}{\lambda_2 + \lambda_3}, \frac{q_{2,\max} \cdot l_\sigma}{v_f e^{\frac{K}{K_m}}} \right\} \tag{5.36}$$

$$g_{3,i+1} * = \max\left\{ (C - g_{1,i+1} - g_{4,i+1}) \frac{\lambda_3}{\lambda_2 + \lambda_3}, \frac{q_{3,\max} \cdot l_\sigma}{v_f e^{\frac{K}{K_m}}}, g_{p,\min} \right\} \tag{5.37}$$

$$g_{4,i+1}* = \max\{(g_{4,i+1} + \frac{\lambda_{i+1,L} \cdot (g_1^* - g_1) \cdot q_{i,L}}{\lambda_{i+1,s}q_{i+1,s} + \lambda_{i+1,L}q_{i+1,L}}), \frac{q_{4,\max} \cdot l_\sigma}{v_f e^{\frac{K}{K_m}}}\} \quad (5.38)$$

相位差同样需要依据搭接相位的具体使用来进行增减,针对不同重交通流方向分为三种情况:

①搭接直左相位

搭接左转相位是为了缓解单侧直行、左转交通流压力,对上下游相位差存在一定影响,以上下游相位差变化如式(5.39)、(5.40)所示:

$$t_{p,i+1}* = t_{p,i+1} + g_{1,i} + g_{1.5,i} \quad (5.39)$$

$$t_{p,i-1}* = t_{p,i-1} + g_{1,i} + g_{1.5,i} \quad (5.40)$$

式中:$g_{1.5,i}$——搭接相位绿灯时间,单位 pcu。

对于单口轮放行为模式,可增加搭接左转以及搭接直行相位,来缓解对向双压力下交通瓶颈问题。

②搭接左转相位

搭接左转相位是为了缓解两侧左转交通流压力,对上下游相位差影响相对较小,上下游相位差变化如式(5.41)、(5.42)所示:

$$t_{p,i+1}* = t_{p,i+1} + g_{1,i} \quad (5.41)$$

$$t_{p,i-1}* = t_{p,i-1} + g_{1,i} \quad (5.42)$$

③搭接直行相位

搭接左转相位是为了缓解两侧直行交通流压力,对上下游相位差影响相对较小,上下游相位差变化如式(5.43)、(5.44)所示:

$$t_{p,i+1}* = t_{p,i+1} + g_{1,i} + g_{1.5,i} \quad (5.43)$$

$$t_{p,i-1}* = t_{p,i-1} + g_{1,i} + g_{1.5,i} \quad (5.44)$$

(2)重复放行

①重复放行主要是考虑下游交叉口放行能力不足而产生的方案,在下游路口存在施工占用或发生交通事故时,其通行能力骤减,原本配时的车流涌入必将难以消散造成拥堵,这时需要对上游交叉口采取分批放行产生将上文已分配好的绿灯时间进行间隔相位分批次放行,主要适用于信号周期较大的路口,可有效缓解下游难以疏散的问题,以第一相位重复放行为例,瓶颈交叉口绿灯分配如式(5.45)—(5.49)所示:

$$g_1* = g_{p,\min} \quad (5.45)$$

$$g_2* = \max\{(C - g_{1,\max})\frac{\lambda_2}{\lambda_2 + \lambda_3 + \lambda_4}, \frac{q_{2,\max} \cdot l_\sigma}{v_f e^{\frac{K}{K_m}}}\} \quad (5.46)$$

$$g_{2.5}{}^* = g_i + \frac{l_i - l_n}{v_f e^{\frac{K}{K_m}}} - g_{p,\min} \tag{5.47}$$

$$g_3{}^* = \max\{(C - g_{1,\max}) \frac{\lambda_3}{\lambda_2 + \lambda_3 + \lambda_4}, \frac{q_{3,\max} \cdot l_\sigma}{v_f e^{\frac{K}{K_m}}}, g_{p,\min}\} \tag{5.48}$$

$$g_4{}^* = \max\{(C - g_{1,\max}) \frac{\lambda_4}{\lambda_2 + \lambda_3 + \lambda_4}, \frac{q_{4,\max} \cdot l_\sigma}{v_f e^{\frac{K}{K_m}}}\} \tag{5.49}$$

②若瓶颈交叉口本身产生拥堵,其上游交叉口需要去更改其相位,将瓶颈相位去更改其配时如式(5.50)—(5.24)所示:

$$g_{1,i+1}{}^* = \max\{(g_{1,i+1} + \frac{\lambda_{i+1,s} \cdot (g_1{}^* - g_1) \cdot q_{i,s}}{\lambda_{i+1,s}q_{i+1,s} + \lambda_{i+1,L}q_{i+1,L}}), \frac{q_{1,\max} \cdot l_\sigma}{v_f e^{\frac{K}{K_m}}}, g_{p,\min}\}$$
$$\tag{5.50}$$

$$g_{2,i+1}{}^* = \max\{(C - g_{1,i-1}{}^* - g_{4,i-1}{}^*) \frac{\lambda_2}{\lambda_2 + \lambda_3}, \frac{q_{2,\max} \cdot l_\sigma}{v_f e^{\frac{K}{K_m}}}\} \tag{5.51}$$

$$g_{2.5}{}^* = \max\{(g_{1,i+1} + \frac{\lambda_{i+1,s} \cdot (g_1{}^* - g_1) \cdot q_{i,s}}{\lambda_{i+1,s}q_{i+1,s} + \lambda_{i+1,L}q_{i+1,L}}), \frac{q_{1,\max} \cdot l_\sigma}{v_f e^{\frac{K}{K_m}}}\} \tag{5.52}$$

$$g_{3,i+1}{}^* = \max\{(C - g_{1,i-1}{}^* - g_{4,i-1}{}^*) \frac{\lambda_3}{\lambda_2 + \lambda_3}, \frac{q_{3,\max} \cdot l_\sigma}{v_f e^{\frac{K}{K_m}}}, g_{p,\min}\}$$
$$\tag{5.53}$$

$$g_{4,i+1}{}^* = \max\{(g_{4,i+1} + \frac{\lambda_{i+1,L} \cdot (g_1{}^* - g_1) \cdot q_{i,L}}{\lambda_{i+1,s}q_{i+1,s} + \lambda_{i+1,L}q_{i+1,L}}), \frac{q_{4,\max} \cdot l_\sigma}{v_f e^{\frac{K}{K_m}}}\} \tag{5.54}$$

重复放行可避免下游交叉口施工或发生事故后上游交通量的大量涌入造成新一轮的交通瓶颈,通过上游分批次放行,减缓下游路口的疏散压力。从而实现主动预控制在突发状况下的预防。

整个控制方案大概分为上下游存在较大放行空间、上下游无足够放行空间以及特殊放行方式三个部分,通过一整套的控制流程将不可变周期下的主动预控制形式进行讨论,完善其整套控制逻辑,达到拥堵的提前预防。

5.2.2 可变周期下预控制

可变周期下控制与不可变周期整体控制思路较为类似,但增加了周期的可变性同样给控制方案增加了一些灵活操作性,其控制时间与上文同理。

(1)在主控点周边压力较小的情况下的,可将主控点排队车辆进行向下游进行疏散,同时对上流进行流量控制,防止排队车辆疏散后继续积压,瓶颈点配时如式(5.55)—(5.58)所示:

$$g_1^* = g_{i,\max} = \min\left(g_i + \frac{l_i - l_n}{v_f e^{\frac{K}{K_m}}} , g_i + C_{\max} - C_i\right) \tag{5.55}$$

$$g_2 = \max\{(C_{\max} - g_{1,\max}) \frac{\lambda_2}{\lambda_2 + \lambda_3 + \lambda_4} , \frac{q_{2,\max} \cdot l_{cr}}{v_f e^{\frac{K}{K_m}}}\} \tag{5.56}$$

$$g_3 = \min\{(C_{\max} - g_{1,\max}) \frac{\lambda_3}{\lambda_2 + \lambda_3 + \lambda_4} , \frac{q_{3,\max} \cdot l_{cr}}{v_f e^{\frac{K}{K_m}}}\} \geqslant g_{p,\min} \tag{5.57}$$

$$g_4 = \min\{(C_{\max} - g_{1,\max}) \frac{\lambda_3}{\lambda_2 + \lambda_3 + \lambda_4} , \frac{q_{4,\max} \cdot l_{cr}}{v_f e^{\frac{K}{K_m}}}\} \tag{5.58}$$

上下游疏散方式与不可变周期同理,均是将上下游与瓶颈相关联相位绿灯时间进行相应的增减,下游交叉口通行时间如式(5.59)—(5.62)所示:

$$g_{1,i-1}* = \max\{(g_{1,i-1} + \frac{\lambda_{i-1,S} \cdot (g_1^* - g_1) \cdot q_{i,S}}{\lambda_{i-1,S} q_{i-1,S} + \lambda_{i-1,L} q_{i-1,L}} , \frac{q_{1,\max} \cdot l_{cr}}{v_f e^{\frac{K}{K_m}}} , g_{p,\min}\}$$
$$\tag{5.59}$$

$$g_{2,i-1}* = \max\{(g_{2,i-1} + \frac{\lambda_{i-1,L} \cdot (g_1^* - g_1) \cdot q_{i,S}}{\lambda_{i-1,S} q_{i-1,S} + \lambda_{i-1,L} q_{i-1,L}}) , \frac{q_{2,\max} \cdot l_{cr}}{v_f e^{\frac{K}{K_m}}}\} \tag{5.60}$$

$$g_{3,i-1}* = \min\{(C_{\max} - g_{1,i-1}* - g_{2,i-1}*) \frac{\lambda_3}{\lambda_3 + \lambda_4} , \frac{q_{3,\max} \cdot l_{cr}}{v_f e^{\frac{K}{K_m}}}\} \geqslant g_{p,\min}$$
$$\tag{5.61}$$

$$g_{4,i-1}* = \min\{(C - g_{1,i-1}* - g_{2,i-1}*) \frac{\lambda_4}{\lambda_3 + \lambda_4} , \frac{q_{4,\max} \cdot l_{cr}}{v_f e^{\frac{K}{K_m}}}\} \tag{5.62}$$

对上游交叉口驶入瓶颈相位交通流同样需要进行时间控制,控制流程与控制下游交叉口同理,上游交叉口通行时间如式(5.59)—(5.62)所示:

$$g_{1,i+1}* = \max\{(g_{1,i+1} + \frac{\lambda_{i+1,S} \cdot (g_1^* - g_1) \cdot q_{i,S}}{\lambda_{i+1,S} q_{i+1,S} + \lambda_{i+1,L} q_{i+1,L}}) , \frac{q_{1,\max} \cdot l_{cr}}{v_f e^{\frac{K}{K_m}}} , g_{p,\min}\}$$
$$\tag{5.63}$$

$$g_{2,i+1}* = \min\{(C_{\max} - g_{1,i-1}* - g_{4,i-1}*) \frac{\lambda_2}{\lambda_2 + \lambda_3} , \frac{q_{2,\max} \cdot l_{cr}}{v_f e^{\frac{K}{K_m}}}\} \tag{5.64}$$

$$g_{3,i+1}* = \min\{(C - g_{1,i-1}* - g_{4,i-1}*) \frac{\lambda_3}{\lambda_2 + \lambda_3} , \frac{q_{3,\max} \cdot l_{cr}}{v_f e^{\frac{K}{K_m}}}\} \geqslant , g_{p,\min}$$
$$\tag{5.65}$$

$$g_{4,i+1}* = \max\{(g_{4,i+1} + \frac{\lambda_{i+1,L} \cdot (g_1^* - g_1) \cdot q_{i,L}}{\lambda_{i+1,S} q_{i+1,S} + \lambda_{i+1,L} q_{i+1,L}}) , \frac{q_{4,\max} \cdot l_{cr}}{v_f e^{\frac{K}{K_m}}}\} \tag{5.66}$$

(2)有时主控点周边交通压力不可一次性将排队交通量疏散,需将分批次将主控点绿灯时间进行增加,上游路口放行时间缩减,其限制如式(5.67)所示:

当所需增加绿灯时间大于最大周期或周边压力较大时,需要增加分批次绿灯时间如式(5.68)所示:

$$\frac{l_i - l_n}{v_f e^{\frac{K}{K_m}} \cdot m} \geqslant C_{\max} \tag{5.67}$$

$$g_1^* = g_{i,\max} = \min\left(g_i + \frac{l_i - l_n}{v_f e^{\frac{K}{K_m}} \cdot m}, g_i + \frac{C_{\max} - C_i}{m}\right) \tag{5.68}$$

其它相位绿灯时间及上下游调整方式与可变周期相同,区别在于加入周期变化的考量,但必须要设置最大周期来规范绿灯时间,不可无限度放大拥堵点位通行效率,增大周边交叉口压力。

(3)搭接相位及重复放行的介入

①搭接相位的介入

当同一方向直行与左转压力过大时,以2,4方向为例,瓶颈交叉口配时如式(5.69)—(5.73)所示:

$$g_{1.5}^* = \min\{C_{\max} - \sum_{i=1}^n g_{i,\min}, \frac{(q_i - S_i)l_\sigma}{v_f e^{\frac{K}{K_m}}}\} \tag{5.69}$$

$$g_1^* = g_{1,\min} = \frac{l_\sigma q'_1}{v_f e^{\frac{K}{K_m}}} + t_s \tag{5.70}$$

$$g_2^* = g_{2,\min} = \frac{l_\sigma q'_3}{v_f e^{\frac{K}{K_m}}} + t_s \tag{5.71}$$

$$g_3^* = \max\{(C - g_1^* - g_2^*)\frac{\lambda_3}{\lambda_3 + \lambda_4}, \frac{q_{3,\max} \cdot l_\sigma}{v_f e^{\frac{K}{K_m}}}\} \tag{5.72}$$

$$g_4^* = \max\{(C - g_1^* - g_2^*)\frac{\lambda_4}{\lambda_3 + \lambda_4}, \frac{q_{4,\max} \cdot l_\sigma}{v_f e^{\frac{K}{K_m}}}\} \tag{5.73}$$

搭接直行和左转相位方法均相同,若不满足最小绿灯时间再根据比例调整,上下游绿灯及相位差调整方法与上文相同,不在赘述。

②重复放行

重复放行主要是考虑下游交叉口放行能力不足而产生的方案,将上文已分配好的绿灯时间进行间隔相位分批次放行,与不可变周期相比,最大的区别在于周期的增加可保障放行时间的充足有效性,主要适用于信号周期较大的路口,可有效缓解下游难以疏散的问题。

不可变周期与可变周期最大的区别在于周期的可加性,但周期的增加必须依据客观事实严格设定,避免主动预控制后发生瓶颈转移的现象,通过预控制来对瓶颈关键拥堵方向进行控制,对其他相位、上下游交叉口绿灯时间、相位差进行调整,实现控制区域内信号分配的合理性。

5.3 主动预控制过渡切换

主动预控制为保障方案的顺利切换,在预控制方案设立的基础上,在达到启动阈值时,要对方案间的过渡做一个合理的切换来保障不同控制方案间的变化,避免因方案的切换导致交通流的剧烈波动,主动预控制属于交通流向严重方向衍化的初期阶段,整体交通尚处于平稳状态,可以利用周边资源给予瓶颈处更多地缓和空间,故在切换控制方案时要在保证平稳的同时,尽量做到快速切换。

本切换方法主要是考虑瓶颈相位的最大绿灯时间和最小绿灯时间来进行综合判定,通过瓶颈相位是否被执行进入过渡切换方案,通过最大绿灯时间以及最小绿灯时间来决定是否进行相位的切换,进而决定本周期及下一个周期的绿灯分配,在保证切换方案对目前交通流影响较小的条件下,运行主动预控制方案来缓解交通流初期的拥堵,具体的切换方案如图 5.4 所示:

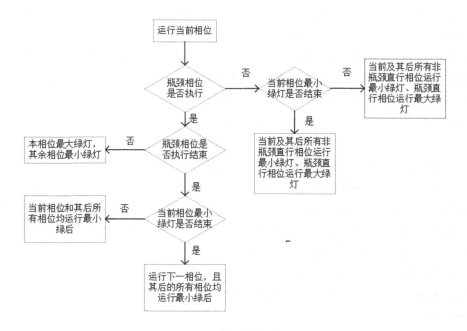

图 5.4 预控制方案流程图

5.4 仿真分析

本章采用 vissim 软件进行仿真对比实验,整体实验数据均由研究生期间实习获取,由于整套瓶颈控制系统操作较为困难,本章选取多次仿真,每次选取相同仿真参数,通过瓶颈数据进行多次模拟瓶颈发生时间节点,通过时间节点进行分时段信号周期协调设置,多次模拟最大限度保持与瓶颈控制方案保持一致。

vissim 是微观仿真工具,其基于驾驶行为以及时间间隔进行模拟,用于城市交通路网仿真及公共设施的建模。能够分析在不同交通状况下,例如交通构成、转弯比例、交通信号、停车等,城市区域交通及公共交通的运行状态,是评价交通路网规划设计和城市交通方案的重要手段。

5.4.1 仿真路网

本章选取吉林省延吉市主城区道路网,由北至南分别为爱丹路、公园路以及友谊路,共 3 条横线,由西至东分别为参花街、光明街、局子街、进学街、太平街、朝阳街,共 6 条纵线,构成一部完整的交通网络,整体共 15 个信号交叉口,将交叉口进行编号,爱丹路自东向西编号为 1～5,人民路自东向西编号为 6～11,友谊路自东向西编号为 12～15,由上图可知路网内交叉口间距在 160m－800m 内,其中 3～4、9～10、14～15 交叉口为短距离交叉口,本章将交叉口状态变化较为明显的交叉口划定为瓶颈,依据第三章确定的排队阈值布设检测器来接受主动预控制的触发阈值,仿真路网如图 5.5 所示:

因本章主动预控制选取从平峰向高峰过渡的阶段、故基础配时方案以平峰为基础进行调节,仿真路网 15 个信号交叉口中,交叉口 4、交叉口 5、交叉口 12 为"T 形口",采用三相位放行模式,其余交叉口均为十字交叉口,采取四相位放行方案,渠化如图 6.2 所示,目前所有信号机均采用定时段控制,所有交叉口原采用单点控制,绿闪时间为 5s,黄灯时间为 3s,全红时间为 3s,经过实习项目初步优化,现状路网内交叉口均已联网,采取干线协调控制,本章将在此基础上加入主动预控制方法,将整个路网依据交通特性进行分区控制协调,最大程度缓解交通拥堵。

图 5.5 仿真区域图

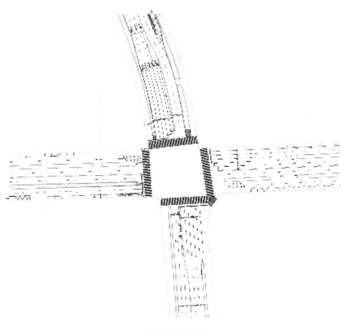

(a) 交叉口 1

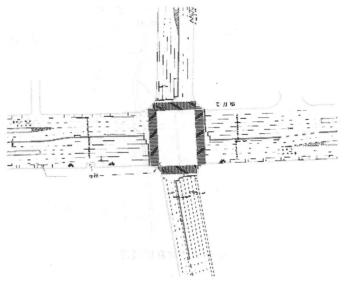

(b) 交叉口 2

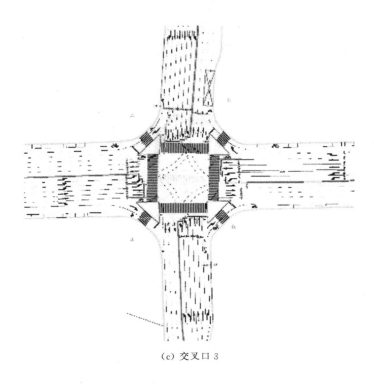

(c) 交叉口 3

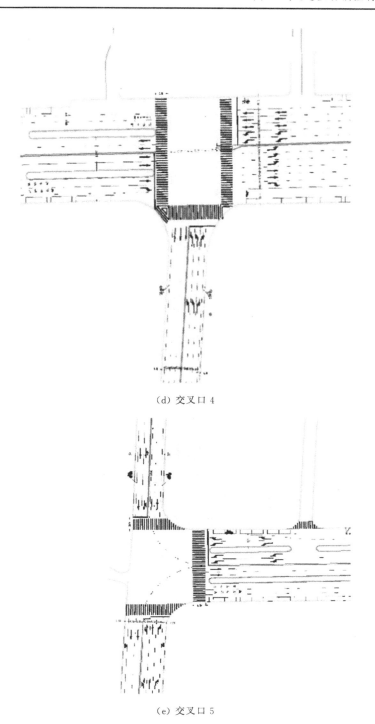

(d) 交叉口 4

(e) 交叉口 5

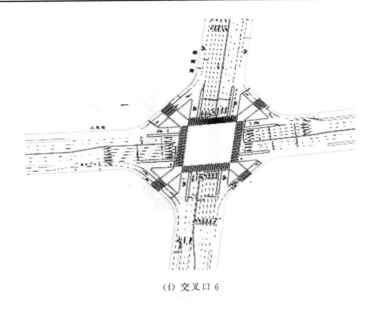

(f) 交叉口 6

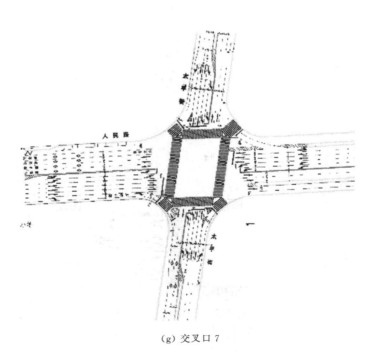

(g) 交叉口 7

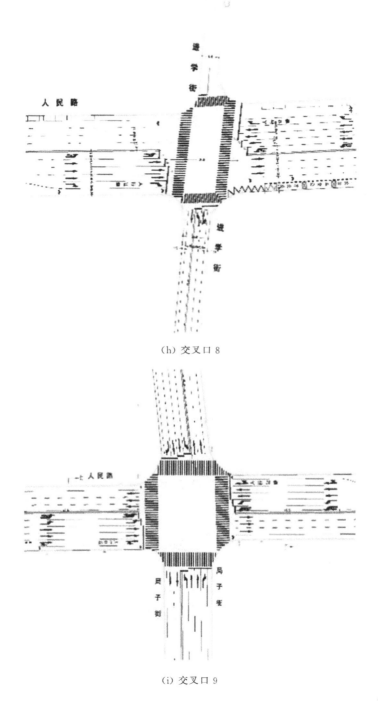

（h）交叉口 8

（i）交叉口 9

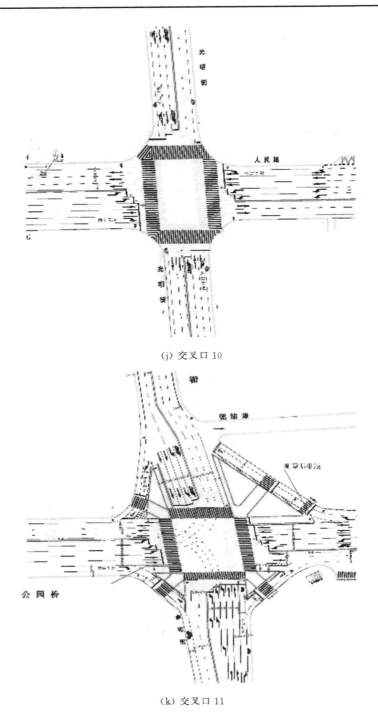

(j) 交叉口 10

(k) 交叉口 11

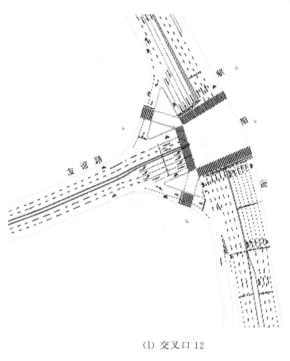

(l) 交叉口 12

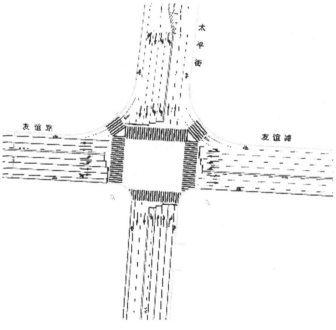

（m）交叉口 13

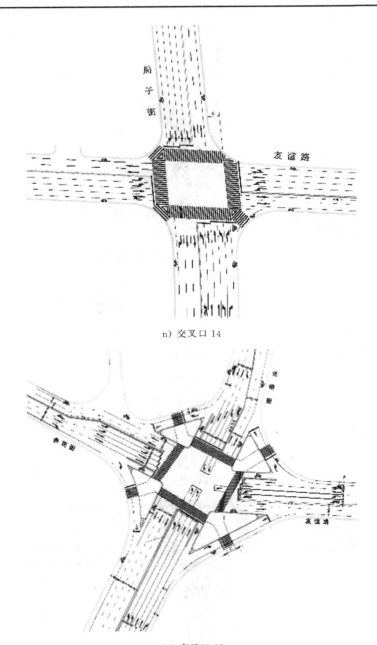

n) 交叉口 14

（o）交叉口 15

图 5.6　交叉口渠化图

5.4.2 交叉口流量调查

本章选取由平峰向高峰过渡的阶段进行模型验证,时间段选取为4:00－5:00,在时间段内对瓶颈点及其控制边界内交叉口进行对比分析,分别对交叉口流量进行调查,流量如表5.1所示,其数值均为单口道进口的流量,每个相位黄灯时间均为3s。

表 5.1 交叉口流量

时段	交叉口	E			W			S			N		
		LT	TH	RT	LT	TH	RT	LT	TH	RT	LT	TH	RT
平峰	1	174	230	346	132	288	144	230	634	29	317	490	374
	2	161	579	129	225	675	96	257	386	96	125	386	96
	3	286	429	31	429	154	86	343	629	114	343	543	0
	4	466	458	32	0	573	259	311	0	596	0	0	0
	5	703	0	396	0	0	0	0	432	132	207	322	0
	6	123	332	45	255	306	51	383	766	43	128	664	51
	7	212	450	37	218	450	106	185	291	56	132	503	79
	8	148	445	64	37	816	56	148	37	37	37	74	42
	9	286	343	18	143	432	23	57	486	46	229	371	43
	10	172	367	27	184	569	56	165	220	54	147	478	64
	11	185	515	45	847	715	238	397	424	265	291	556	371
	12	242	398	76	0	0	0	265	1299	0	0	768	301
	13	343	486	54	297	487	43	255	1072	54	325	635	10
	14	294	587	53	396	546	57	287	1198	43	354	716	32
	15	132	375	412	271	354	76	456	564	532	243	768	76
高峰	1	230	432	576	86	403	86	230	547	58	403	461	288
	2	354	739	96	675	771	193	450	675	129	96	836	64
	3	257	571	87	686	829	371	1371	457	121	286	571	54
	4	570	829	0	0	725	518	233	0	1088	0	0	0
	5	828	0	290	0	0	0	0	745	952	248	579	0
	6	153	460	43	281	467	255	434	1277	121	204	894	51
	7	450	635	85	318	715	112	371	556	62	79	794	76
	8	260	520	92	37	631	186	37	74	334	297	742	74
	9	313	429	65	171	600	42	29	586	143	229	571	57
	10	229	386	78	276	441	323	92	459	211	110	331	154
	11	195	635	159	1297	794	132	741	874	450	106	1059	397
	12	388	588	200	0	0	0	466	1878	0	0	1366	600
	13	762	878	152	365	989	124	342	1487	232	421	1379	281
	14	865	786	142	523	1276	213	422	1542	213	365	1276	542
	15	199	563	537	488	740	98	619	640	781	347	943	113

5.5 主动预控制应用对比分析

主动预控制的仿真主要分为三部分,分别是预控制阈值的选取,子区范围的划分以及前后控制方案的对比。

依据整体交通流变换趋势,人民路—光明街交叉口整体交通流变化趋势较为明显,主要交叉口 PI 值,通过对比分析,交叉口 1、交叉口 9、交叉口 11、交叉口 12、交叉口 15 的 PI 值变化明显,通过本章子区划分算法,对现有道路网进行拥堵控制边界划分,采用曲大义的算法预本章进行对比分析。

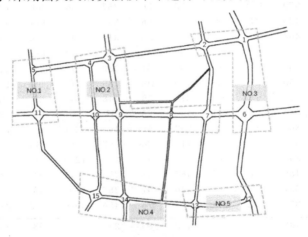

图 5.7 主动预控制边界

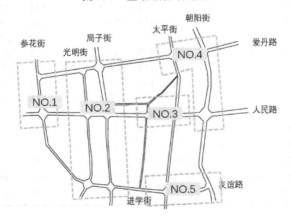

图 5.8 曲大义的控制边界

通过曲大义的算法与本章预控制算法相对比,与实际现场调研实际项目更相近,下面将会将会把单点主动预控制应用到上面区域中,本算例采用不可变周期模式,计算控制边界内公共周期及相位差,将路网内的车辆延误进行对比。

表 5.2 主动预控制边界内公共周期及相位差

小区编号	交叉口编号	公共周期	相位差
1	5	113	82
	11		48
2	3	130	97
	4		112
	7		54
	8		78
	9		115
	10		0
3	1	118	45
	2		9
	6		98
4	14	112	39
	15		110
5	12	126	74
	13		47

表 5.3 曲大义算法下公共周期和相位差

小区编号	交叉口编号	公共周期	相位差
1	5	113	82
	11		48
2	3	130	97
	4		112
	9		115
	10		0
	14		16
	15		47

3	7	122	0
	8		24
4	1		45
	6	115	98
	7		7
5	12	126	74
	13		47

通过计算控制下每个拥堵控制边界下的公共周期和相位差,将整个路网进行仿真,对比整个路网下车均延误及停车次数如下图5.9所示:

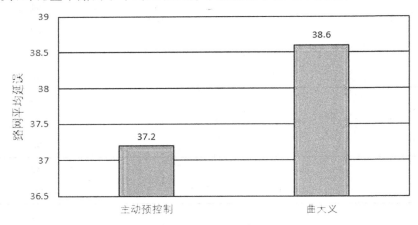

图 5.9　路网延误对比图

主动预控制下路网的整体延误较曲大义算法低 14.7%,证明了整个算法的有效性。

对于主动预控制与常规控制方案的比较,本章采用 NO.2 进行调控来做对比分析,作为主控瓶颈点交叉口 9,其坐落于商业区繁华位置周边压力较大,平峰已经开始积压车辆,通过聚类分析可知该交叉口排队长度阈值为 128m,速度阈值为 27km/h,通过阈值可判断主动预控制启动的时间,平峰采用标准四相位的放行策略,瓶颈方向为东进口直行,后续东进口左转也达到了阈值,在接续时间里交叉口 10 同样到达主动预控制阈值,故控制区域内两个交叉口共同启用主动预控制,整个控制范围 NO.2 如表5.4所示:

表 5.4 控制方案

控制方案	平峰控制方案		调整配时预控制方案		介入相位变化预控制方案	
	相位	绿灯时长	相位	绿灯时长	相位	绿灯时长
交叉口 9	东西直行	37	东西直行	41	东西直行	38
	东西左转	21	东西左转	26	东口直左	8
	南北直行	41	南北直行	36	东西左转	18
	南北左转	19	南北左转	15	南北直行	36
					南北左转	15
	相位差	115	相位差	0	相位差	0
交叉口 10	东西直行	38	东西直行	41	东西直行	36
	东西左转	21	东西左转	24	西口直左	8
	南北直行	38	南北直行	36	东西左转	19
	南北左转	21	南北左转	17	南北直行	35
					南北左转	17
	相位差	0	相位差	0	相位差	0
交叉口 8	东西直行	40	东西直行	37	东西直行	37
	东西左转	22	东西左转	21	东西左转	21
	南北直行	35	南北直行	35	南北直行	35
	南北左转	21	南北左转	19	南北左转	19
	相位差	78	相位差	93	相位差	93
交叉口 7	东西直行	40	东西直行	37	东西直行	37
	东西左转	22	东西左转	21	东西左转	21
	南北直行	35	南北直行	35	南北直行	35
	南北左转	21	南北左转	20	南北左转	20
	相位差	54	相位差	69	相位差	69
交叉口 3	东西直行	36	东西直行	37	东西直行	37
	东西左转	28	东西左转	30	东西左转	30
	南北直行	38	南北直行	35	南北直行	35
	南北左转	16	南北左转	16	南北左转	16
	相位差	97	相位差	106	相位差	103

控制方案	平峰控制方案		调整配时预控制方案		介入相位变化预控制方案	
	相位	绿灯时长	相位	绿灯时长	相位	绿灯时长
	东西直行	33	东西直行	34	东西直行	34
	东口直行左转	31	东口直行左转	30	东口直行左转	30
交叉口4	南北行人	34	南北行人	34	南北行人	34
	南北左转	20	南北左转	20	南北左转	20
	相位差	112	相位差	121	相位差	118

针对瓶颈点9控制范围NO.2内的6个交叉口,考虑其不同方向上的拥堵阈值,针对交叉口10东进口直行的阈值以及后续东进口左转的阈值,分别进行了绿灯时间的变换,同时加入本章新增的相位增减变化,将原方案、绿灯变化方案、相位增减方案三阿哥方案相对比,分析主动预控制的提升效果,同时本控制范围内交叉口10在后续方形时间内同时达到拥堵阈值,也对此交叉口进行了主动预控制而且对周边交叉口配时进行了进一步的处理,交叉口10与交叉口9为短连线交叉口,根据主动与控制方法,均触发主动预控制将两交叉口相位差同时设置为相同值,最大限度保障两方向内车辆通行。其延误对比图5.10所示:

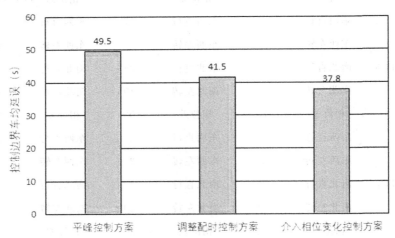

图5.10 控制边界延误对比图

根据上述仿真数据对比,本章瓶颈控制范围内的延误降低23%,调整配时方案较有一定提升,同时单点主动预控制下增设周边交通流的协调增加相位变化,可对事故和维修占道有很好的预防,并对多方向重交通流有一定程度疏导,更高效的运用周期内绿灯时间,使瓶颈在初期得到缓解甚至消散。

6 相邻交叉口协调控制模型建立

前面的章节已经对相邻短距离交叉口的协调相位绿灯时刻以及车流的队首、队尾驶离、到达相邻交叉口时刻进行了表达,本章协调控制的基础是将交叉口划分为 I 类和 II 类交叉口。本章模型的优化目标是对相邻短距离交叉口实行协调控制优化研究,在考虑避免车流排队溢出的条件下形成最优的通行效果。因此,本章建立的模型是在考虑非协调相位车流的基础上,以最大排队长度为约束条件,不同类别的绿波带为研究对象,提出在不同条件下的协调优化方案,从而实现城市整体的通行效果最优。

6.1 不同相位相邻条件下的协调约束构建

本章以车流率为权重,在考虑预防排队溢出的情况下,建立车流双向绿波带宽度最大的协调优化模型,通过上文已知协调相位车流的绿灯时刻表达以及车流到达、驶离交交叉口的时刻表达。通过对车流到达、驶离交叉口时的灯色情况以及协调车流头车和尾车到达、驶离交叉口时刻对比来增加约束,从而计算相应的绿波带宽度。

基本假设条件:

假设系统为 2 个相邻的短距离交叉口及其路段组成,其协调控制的对象是协调方向的车流,同时考虑到交通流到达的随机性和离散性以及左转非协调交通流的影响,做以下假设:

i 车流行驶过程中,队列车头时距保持稳定。当车流速度一定时,车辆到达率不变;

iii 忽略黄灯时间,当前相位绿灯结束即为下一相位红灯开始;

iv 考虑的只是两个交叉口间车流的协调。

6.1.1 绿波带分类

绿波带宽度如图 6.1 也被称为通过带宽度，车流尽可能的通过交叉口所需的时间称为绿波带宽度。绿波带是由车辆连续的通过任意数量的相邻交叉口而不产生停车行为的平行空间，它在时距图（时间－距离图）中表现为最大程度的利用协调相位绿灯时间通过相邻的交叉口。在实际应用中，协调车流尽可能的在绿波带的端点时间到达，从而形成最大的绿波带。并可以通过计算得到相应的行驶建议速度，以建议速度行驶就可以相继的、相互不受影响的合理通过相邻的交叉口。

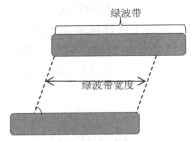

图 6.1 绿波带宽度示意图

由于本章所研究的Ⅰ类（公共周期）、Ⅱ类（双周期）交叉口共存在 3 种排列组合方式，且根据左转相位与直行相位是否相邻提出了两种控制方式。由此将相邻短距离交叉口的类别示意图及控制方案综合考虑，得到如下图所示的绿波带分类示意图。因此可协调车流通过的绿波带可分为三类，具体如图 6.2 所示。

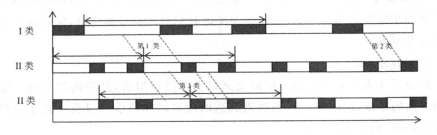

图 6.2 绿波带类别示意图

如上图所示，根据协调控制原理可知，当直行相位与左转相位为不相邻相位时，Ⅰ类交叉口中的直行和左转车流并非相继流出。当两股车流分别到达Ⅱ类交叉口时，在不同周期的协调相位流出，直行相位的车流形成了第 1 类绿波带；左转相位的车流形成了第 2 类绿波带；第 3 类绿波宽度，指的连续的Ⅱ类交叉口间形成的协调车流在经过下游Ⅱ类交叉口时所形成的绿波带。绿波带的带宽指的是车流经过上、下游交叉口时所用的时间长度。

6.1.2 不同相位相邻条件下的绿波带约束

条件一：直行协调相位与相交道路左转相位不相邻

(1)第 1 类绿波带，为协调直行方向车流形成的绿波带。即协调车流下行方向从交叉口 n 流出，连续的通过交叉口 $n+1$ 的车辆所形成的带宽，以及协调车流上行方向从交叉口 $n+1$ 流出，连续的通过交叉口 n 的车辆所形成的带宽。

① 第 1 种 1 类绿波带的形成为上游 I 类交叉口的协调方向（直行）的车辆不停车的从下游 I 类交叉口流出形成的绿波带。如图 6.3 所示：

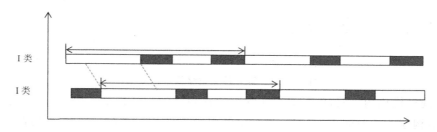

图 6.3　第 1 种 1 类绿波带示意图

② 第 2 种 1 类绿波带的形成为上游 I 类交叉口的协调方向（直行）的车辆不停车的从下游 II 类交叉口第一周期流出形成的绿波带。如图 6.4 所示：

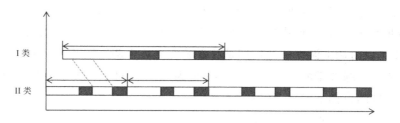

图 6.4　第 2 种 1 类绿波带示意图

③ 第 3 种 1 类绿波带的形成为上游 II 类交叉口的第一周期的协调方向（直行）的车辆不停车的从下游 1 类交叉口或 II 类交叉口第一周期流出形成的绿波带。如图 6.5 所示：

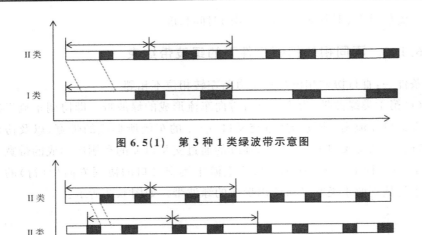

图 6.5(1)　第 3 种 1 类绿波带示意图

图 6.5(2)　第 3 种 1 类绿波带示意图

通过优化相位差,可以实现连续车流在相邻的交叉口上不停车的通过。此时,需构建关于时间上的约束,即保证从上游出发的车流在下游时遇到绿灯,不停车的通过相邻的交叉口。条件约束是为保证车流在路段上的时间与协调相位绿灯时间有重叠部分。

此时车流为交叉口 n 协调相位绿灯启亮时流出的车流,与下游交叉口所对应的相位绿灯时间进行协调。当形成的绿波带为第 2 种时,下游交叉口 $n+1$ 一定为第 Ⅱ 类交叉口,当形成的绿波带为第 3 种时,上游交叉口 n 一定为第 Ⅱ 类交叉口,交叉口协调上游车流的周期是该下游交叉口协调周期的下一个周期,当交叉口形成 1 类绿波带的上游交叉口时间窗为 $\omega_{n,\delta}^{p}$ 时,对于 1 类绿波带,构建双向协调的条件约束如下式(6.1)所示:

$$\begin{cases} \tilde{t}_{n,a,1}^{p} \in \{T_{n+1,\sigma}^{p,w}, \tilde{T}_{n+1,\sigma}^{p,w}\} \\ \tilde{t}_{n,b,1}^{p} \in \{T_{n+1,\sigma}^{L,p,w}, \tilde{T}_{n+1,\sigma}^{i^{L},p,w}\} \end{cases} \text{或} \begin{cases} \tilde{t}_{n+1,a,2} \in \{T_{n,\sigma}^{p,w}, \tilde{T}_{n,\sigma}^{p,w}\} \\ \tilde{t}_{n+1,b,2} \in \{T_{n,\sigma}^{i^{L},p,w}, \tilde{T}_{n,\sigma}^{i^{L},p,w}\} \end{cases} \quad (6.1)$$

(2)第 2 类绿波带为上游交叉口非协调方向车流流向下游交叉口形成的绿波带。即下行方向从交叉口 n 非协调相位(左转)流出,不停车的经过交叉口 $n+1$ 的车辆形成的绿波带。如下图所示:

① 第 1 种 2 类绿波带的形成为上游 Ⅰ 类交叉口的非协调方向(左转)的车辆不停车的从下游 Ⅰ 类交叉口流出形成的绿波带。如图 6.6 所示:

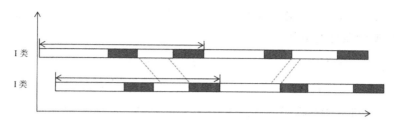

图 6.6 第 1 种 2 类绿波带示意图

② 第 2 种 2 类绿波带的形成为上游 Ⅰ 类交叉口的非协调方向（左转）的车辆不停车的从下游 Ⅱ 类交叉口第一周期流出形成的绿波带。如图 6.7 所示：

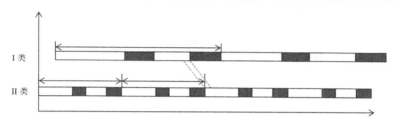

图 6.7 第 2 种 2 类绿波带示意图

③ 第 3 种 2 类绿波带的形成为上游 Ⅱ 类交叉口第一周期的非协调方向（左转）的车辆不停车的从下游 Ⅰ 类交叉口、Ⅱ 类交叉口的第一周期流出形成的绿波带。如图 6.8、图 6.9 所示：

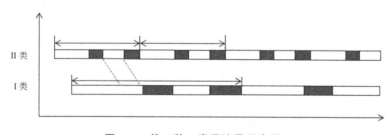

图 6.8 第 3 种 2 类绿波带示意图 1

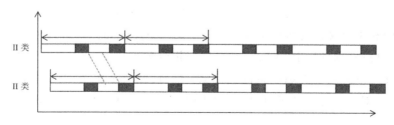

图 6.9 第 3 种 2 类绿波带示意图 2

此时的协调车流为上游交叉口左转相位车流，上游交叉口形成 Ⅱ 类绿波带

的周期为 $\omega^p_{n,\delta}$ 时,此时下游交叉口绿波带的周期为 $\omega^{p+1}_{n+1,\delta}$。对于 Ⅱ 类绿波带,构建双向协调的条件约束如下式(6.2)所示:

$$\begin{cases} \tilde{t}^{p+1}_{n,a,1} \in \{T^{i,p+1,w}_{n+1,\sigma}, \tilde{T}^{i,p+1,w}_{n+1,\sigma}\} \\ \tilde{t}^{p+1}_{n,b,1} \in \{T^{i,L,p+1,w}_{n+1,\sigma}, \tilde{T}^{i,L,p+1,w}_{n+1,\sigma}\} \end{cases} \text{或} \begin{cases} \tilde{t}^{i,L,p+1}_{n+1,a,2} \in \{T^{i,p+1,w}_{n,\sigma}, \tilde{T}^{i,p+1,w}_{n,\sigma}\} \\ \tilde{t}^{i,L,p+1}_{n+1,b,2} \in \{T^{i,L,p+1,w}_{n,\sigma}, \tilde{T}^{i,L,p+1,w}_{n,\sigma}\} \end{cases} \quad (6.2)$$

(3)第 1 种 3 类绿波带是上游 Ⅱ 类交叉口的第二周期协调方向车流流向下游交叉口形成的绿波带。即下行方向从交叉口 n 协调相位(直行)流出,不停车的经过交叉口 $n+1$ 流出形成的绿波带。此时,上、下游交叉口均为 Ⅱ 类交叉口。如图 6.10 所示:

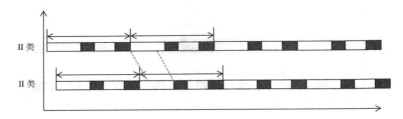

图 6.10 第 1 种 3 类绿波带示意图

② 第 2 种 3 类绿波带是上游 Ⅱ 类交叉口的第二周期非协调方向车流流向下游交叉口形成的绿波带。即下行方向从交叉口 n 非协调相位(左转)流出,不停车的经过交叉口 $n+1$ 流出绿波带。此时,上、下游交叉口均为 Ⅱ 类交叉口。如图 6.11 所示:

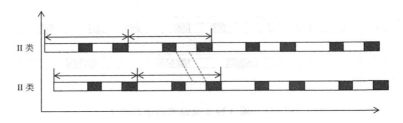

图 6.11 第 2 种第 3 类绿波带示意图

此时相邻交叉口的协调车流为从上游交叉口左转相位流出的车流与下游交叉口进行协调。此时,上、下游交叉口均为 Ⅱ 类交叉口,才会出现第 3 类绿波带。当上游交叉口形成 Ⅲ 类绿波带的周期为 $\omega^p_{n,\delta}$ 时,此时下游交叉口绿波带的周期为 $\omega^{p+1}_{n+1,\delta}$。对于 Ⅱ 类绿波带,构建双向协调的条件约束如下式(6.3)所示:

$$\begin{cases} \tilde{t}^{i,L,p+1}_{n,a,1} \in \{T^{i,L,p+1,w}_{n+1,\sigma}, \tilde{T}^{i,L,p+1,w}_{n+1,\sigma}\} \\ \tilde{t}^{i,L,p+1}_{n,b,1} \in \{T^{i,L,p+1,w}_{n+1,\sigma}, \tilde{T}^{i,L,p+1,w}_{n+1,\sigma}\} \end{cases} \text{或} \begin{cases} \tilde{t}^{i,L,p+1}_{n+1,a,2} \in \{T^{i,L,p+1,w}_{n,\sigma}, \tilde{T}^{i,L,p+1,w}_{n,\sigma}\} \\ \tilde{t}^{i,L,p+1}_{n+1,b,2} \in \{T^{i,L,p+1,w}_{n,\sigma}, \tilde{T}^{i,L,p+1,w}_{n,\sigma}\} \end{cases} \quad (6.3)$$

模型二:直行协调相位与相交道路左转相位相邻

当直行相位与左转相位相邻时,车流从上游交叉口的直行相位和左转相位相继的连续流出,此时这两股车流到达下游交叉口时与同一个周期进行协调,其示意图如图 6.12 所示。因此,合理的增大下游协调绿灯时长,从而实现绿波带宽度的最大化。

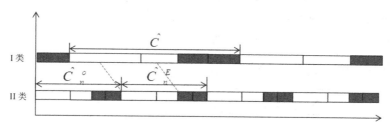

图 6.12   控制方式 2 下的绿波带示意图

根据图 6.12 可知,由于协调相位(直行)与非协调相位(左转)相邻,上游交叉口的直行、左转相位连续车流到达下游交叉口时,与下游交叉口的绿灯相位所协调。此时,该下游协调相位满足上游车流的通行,相应的尽可能的增大协调相位绿灯时长。由于控制方式 2 中直行与左转相位可看作为一个单独的相位。此类情况下,绿波带的协调仅为增大协调对应的绿波带宽度。为了保证双向协调的效果,此时的车流的流量将影响到绿波带的宽度。

绿波的下行方向协调约束条件如下式(6.4)所示:

$$
\begin{cases}
\tilde{t}_{n,a,1}^{i,p} \in \{T_{n+1,\sigma}^{i,p+1,w}, \tilde{T}_{n+1,\sigma}^{L,p+1,w}\} \\
\tilde{t}_{n,b,1}^{i^L,p} \in \{T_{n+1,\sigma}^{i,p+1,w}, \tilde{T}_{n+1,\sigma}^{L,p+1,w}\}
\end{cases}
\tag{6.4}
$$

绿波的上行方向协调约束条件如下式(4.5)所示:

$$
\begin{cases}
\tilde{t}_{n+1,a,2}^{L,p+1} \in \{T_{n,\sigma}^{i,p+1,w}, \tilde{T}_{n,\sigma}^{i,p+1,w}\} \\
\tilde{t}_{n+1,b,2}^{i^L,p+1} \in \{T_{n,\sigma}^{L,p+1,w}, \tilde{T}_{n,\sigma}^{L,p+1,w}\}
\end{cases}
\tag{6.5}
$$

6.2   优化模型建立

6.2.1   控制目标函数

模型考虑道路协调车流整体的车均效益,以道路实际的双向车流量为权重系数最大的相邻短距离协调控制方法。对于城市相邻短距离交叉口的信号协调控制而言,在考虑相邻交叉口不同类别及相互组合的前提下,为避免出现高峰期间车辆排队上溯的交通现象,旨在增大协调双向的绿波带宽度,从而达到提高车辆的运行效率和改善城市道路的整体服务水平的效果。

优化模型综合的考虑了绿波带宽度对协调方向车流运行效果的影响,并以车均绿波效益最大为控制目标,分别对三类绿波带宽进行约束。此时的车流权重体现的是道路中的各股车流对绿灯的实际需求。

因此,建立目标函数如式(6.6)所示:

$$
\max X: \frac{\sum_{i=n}^{n+1}(q_i^1 \cdot B_X^1 + q_i^2 \cdot B_X^2) + \sum_{m=n}^{n+1}(q_m^{L,1} \cdot B_{m,L}^1) + \sum_{m=n}^{n+1}(q_m^{L,2} \cdot B_{m,L}^2) + \sum_{J=n}^{n+1}(q_J^1 \cdot B_J^1 + q_J^{L,2} \cdot B_{J,L}^2)}{\sum_{i=n}^{n+1}(q_i^1 + q_i^2) + \sum_{m=n}^{n+1}(q_m^{L,1}) + \sum_{m=n}^{n+1}(q_m^{L,2}) + \sum_{J=n}^{n+1}(q_J^1 + q_J^{L,2})}
$$

$$(6.6)$$

式中:q_i^1 为交叉口协调相位下行方向的车流量,q_i^2 为交叉口协调相位上行方向的车流量,$q_m^{L,1}$ 为交叉口非协调相位下行方向的车流量,$q_m^{L,2}$ 为交叉口非协调相位上行方向的车流量,q_J^1 为交叉口协调相位的车流量,$q_J^{L,2}$ 为交叉口非协调相位(左转)的车流量。其中,m、$\widetilde{m}$、j、$\widetilde{j}$ 为集合 M、J 中交叉口的顺序编号。优化求解相关的决策变量,得到相应的信号配时方案。

优化求解相关的决策变量,得到信号配时方案,其中绿灯时长如式(6.7)所示:

$$
\begin{cases}
g_n^{O,i} = (C_n^o - L_n)\dfrac{y_n^i}{Y_n} \\[2mm]
g_n^{E,i} = (C_n^E - L_n)\dfrac{y_n^i}{Y_n}
\end{cases}
$$

$$(6.7)$$

6.2.2 预防交叉口溢出的排队长度计算

排队长度是指停放在道路上的车辆占用道路的空间长度。尤其是在相邻的短距离交叉口处,由于滞留车辆的不断积累,使得车辆排队上溯至上游交叉口,这将极易形成交通阻塞,导致出现"多米诺"现象。

排队长度[55]的实质是车流行驶至下游交叉口灯色刚好遇到红灯,车队开始发生排队现象,直至该交叉口灯色变为绿灯,启动波赶上停车波前的排队为该周期内最大排队长度。计算式如(6.8、6.9)所示:

$$L = L_w + L_s + L'$$ $$(6.8)$$

$$L = (\widetilde{T}_{n+1}^p - t \sim_{n+1}^p)V_w + \{T_n^p, \max(\widetilde{T}_{n+1}^p, \widetilde{t}_{n+1}^{p-1})\}V_s + L' \quad (6.9)$$

式中：

$\tilde{T}_{n+1}^{p}$——表示协调方向队尾车流开始形成排队的时刻，单位 s；

$t \sim_{n+1}^{p}$——表示协调方向队尾车流结束排队的时刻，单位 s；

V_w——表示队尾剩余车辆到达下游交叉口的平均速度，单位 m/s；

T_n^p——表示协调方向队首车流开始形成排队的时刻，单位 s；

$\tilde{T}_{n+1}^{p}$——表示协调方向下游交叉口绿灯结束的时刻，单位 s；

$\tilde{t}_{n+1}^{p-1}$——表示协调方向上周期队尾车流驶离交叉口的时刻，单位 s；

V_s——表示队首部分车辆到达下游交叉口的平均速度，单位 m/s。

为避免排队上溯至上游交叉口，从而导致多个交叉口甚至路网的拥堵。本章以最大排队长度作为最主要的约束条件，在交通饱和环境下对交叉口最大排队长度进行计算，为接下来的信号优化模型的建立提供基础。

6.2.3 基于排队长度限制的绿波带宽度计算

本章绿波带宽度的计算，主要是通过分析、比较协调相位绿灯启亮、结束时刻与协调车流驶离、到达交叉口的时刻来计算绿波带的宽度。本章所定义的协调车流均为通过上游交叉口的车辆在不停车排队等待的情况下到达下游交叉口，且此时所遇信号灯灯色为绿的，协调车队的第一辆车称为协调车流的队首，最后一辆车称为协调车流的队尾，绿波带宽度的计算为协调车队队尾、队首时刻与交叉口协调相位绿灯时刻的差值。

由于本章根据交叉口的类别及控制方式的不同，共提出了三类不同绿波带，此时车流权重体现的是道路上的各股车流对绿灯的实际需求，保证权重大的车流优先通行，减少其他非协调方向的车均绿波效益对车流运行的影响。

本章提出计算三类绿波带宽，基于前一部分的绿波带时间表达式，确定绿波带的计算表达式。第 1 类绿波带为协调相位的绿波带，其所对应的协调车流是上游交叉口协调相位流出，不停车的经过下游交叉口。可得到下、上行方向的协调绿波带宽度如式（6.10）所示：

$$B_X^1 = t_{n+1,b,1} - t_{n+1,a,1}$$
$$B_{X,L}^1 = t_{n,b,2} - t_{n,a,2} \tag{6.10}$$

计算第 2 类绿波带宽度，由于下行与上行分别存在绿波带，因此绿波带计算如式（6.11）所示：

$$B_{m,L}^1 = t_{n,b,1}^L - t_{n,a,1}^L$$
$$B_{m,L}^2 = t_{n,b,2}^L - t_{n,a,2}^L \tag{6.11}$$

第 3 类绿波带的上下游交叉口均为 Ⅱ 类交叉口,直行上、下行方向和左转上、下行方向均考虑在内,协调绿波带宽度的计算公式如(6.12)所示:

$$B_J^1 = t_{n,b,1} - t_{n,a,1} \quad \underset{\text{或}}{} \quad B_{J,L}^1 = t_{n,b,2} - t_{n,a,2}$$
$$B_J^2 = t_{n,b,1} - t_{n,a,1} \quad B_{J,L}^2 = t_{n,b,2} - t_{n,a,2} \tag{6.12}$$

本章共考虑了三类绿波带宽度的计算,此时考虑各股车流的权重,通过分析各类绿波带下的不同的车均绿波效益,判断是否给予优先通行权。

6.3 模型求解

(1)遗传算法简介

遗传算法是数学中用于求解最优问题的经典智能搜索算法,该算法的灵感来源是达尔文自然进化理论。它是基于生物进化的原理对参数和变量的编码过程进行随机、并行的搜索。它是由于子代中个体中具有更为优良的基因,因此不断地运算、迭代,直至求出满足条件的最优解。

遗传算法的数学模型表示为:

SGA=(个体编码,适应度函数,初始种群,选择算子,交叉算子,变异算子,终止条件)

(2)遗传算法优化原理

本章以子周期时长、公共周期时长、相位时长、相位差为变量,最大排队长度为约束条件,以车均绿波效益为最大为目标建立的优化函数。考虑遗传算法是在复杂的空间内进行全局的最优化搜索,本章采用的遗传算法应用如图 6.13 所示。

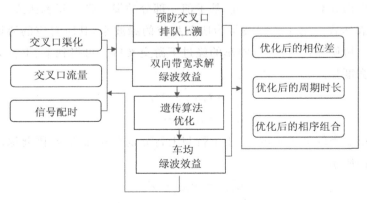

图 6.13 遗传算法应用示意图

本章采用二进制编码机制,其中 φ_n、λ_n、θ_n、φ_n 为 0—1 变量,其形式不用转化,但变量 C_N^O、C_N^E、C、O、$\omega_{n,\sigma}$ 则需转化为 0—1 形式且分别编码,此时编码成的染色体表示为 $[C_N^O, C_N^E, C, O, \varphi_n, \lambda_n, \theta_n, \varphi_n]$。其中,$\varphi_n$、$\lambda_n$、$\theta_n$ 为交叉口为 II 类交叉口时的变量,当交叉口为 I 类交叉口时,这三个变量不予以表达。协调方向与非协调方向相序均为左转优先,本章采用二进制编码,染色体在进行交叉变异时,可直接选择较为合适的交叉操作与变异算子。但在解码时,由于不同基因段表示不同的变量值,需要进行分段解码。

将公式(4.6)中的函数 X 看作为适应度函数,它表示相邻短距离交叉口进行信号协调时三类绿波带宽与权重系数乘积之和。其对应的染色体组成了初始种群,本章采用两点交叉操作,交叉概率选为 0.8,变异概率设为 0.1,群体中的个体进行选择、交叉、变异,产生相位差优化、周期时长优化、三类绿波双向带宽求解、车均绿波效益、遗传算法优化、优化后的相位差、优化后的周期时长、优化后的相序组合新的后代个体,从而形成解的集合,然后根据适应度函数以及约束条件选择最佳适应个体,最终分段解码,求出最优解。

(3)遗传算法求解步骤

步骤 1:初始化种群。形成大小为 $m*8*n$ 的种群,表示种群有 m 个个体,每个个体有 8 个染色体即 8 个基因序列(表示参数 $[C_N^O, C_N^E, C, O, \varphi_n, \lambda_n, \theta_n, \varphi_n]$),每个基因序列有不同长度 n 的二进制编码。

步骤 2:计算适应度。根据适应度函数获取该种群每个个体的适应度,每个个体的适应度的计算需要将自己的 8 个染色体上的基因序列进行解码换算成十进制的数字,并将这些数字代入到适应度函数里来计算每个个体的适应度。

步骤 3:选择。根据每个个体的适应度高低来进行选择,适应度高的个体被选中的概率大,但是适应度低的个体也有可能被选择。

步骤 4:交叉。随机选择种群中两个个体,分别从两个个体中选取 4 个染色体进行组合形成新的个体。

步骤 5:变异。将变异的个体的基因序列上的某个位置的二进制编码即 0 或 1 进行互换。

步骤 6:进化。经过上述步骤后,将形成的新一代种群作为父代进行下一轮进化即将新一代种群从步骤 2 进行迭代,直至达到最大迭代次数 N。

6.4 案例验证

以辽宁省朝阳市新华街沿线相邻的四个交叉口为例,对比优化前后的评价指标和效果,对之前建立的相邻短距离协调控制方法进行验证。

6.4.1 交通调查现状

相邻短距离交叉口由东至西依次为:万国街—南塔路—五一街—新华街,其为连接东西进出城区主要的通道,双向四车道,车道宽度均为 3.5 米。其东西方向为协调方向,高峰期间排队长度大,易发生排队溢出现象,其交通状况对周边路网也造成了一定的影响。

(1)交叉口的现状交通渠化,如图 6.14 所示:

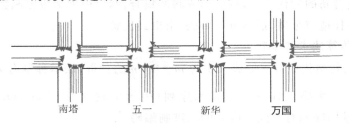

图 6.14 交叉口渠化

(2)相邻交叉口流量统计

本章选取了两个时段进行流量统计,分别为早晚高峰期间,每个时段分别对交叉口流量、配时进行调查,流量数值为各交叉口单车道进口流量。如表 6.1 所示,在表 6.1 中,直行车道的饱和流率为 1800pcu/h,左转车道饱和率为 1200pcu/h。

表 6.1 交叉口流量统计表

交叉口	时段	东进口			南进口			西进口			北进口		
		直行	左转	右转	直行	左转	右转	直行	左转	右转	直行	左转	右转
万国	早高峰	991	58	27	360	187	80	698	111	22	364	249	289
	晚高峰	752	175	157	222	125	9	775	78	46	369	212	217
新华	早高峰	581	441	243	309	169	218	537	74	15	228	220	15
	晚高峰	467	213	334	240	107	200	460	273	53	380	187	47

交叉口	时段	东进口			南进口			西进口			北进口		
		直行	左转	右转	直行	左转	右转	直行	左转	右转	直行	左转	右转
五一	早高峰	542	43	211	116	120	73	503	340	43	22	224	408
	晚高峰	528	30	172	124	116	92	492	340	100	28	196	348
南塔	早高峰	138	60	78	594	198	30	204	234	36	450	36	108
	晚高峰	150	18	83	600	198	24	312	324	30	492	198	18

从上图及表可知,协调系统中,高峰期间直行车流量相比左转均较大。单点交叉口中,万国街和五一街的进口流量和比其他的交叉口要大,在早高峰期间,万国街的东西进口车流不均衡,东进口直行和左转车流均大于西进口。

(3)相邻交叉口周期时长及信号配时

本章选取了两个时段进行周期和相位相序统计,分别为早晚高峰期间,每个时段分别对交叉口的各个相位的绿灯时长及相序进行调查。如表 6.2、6.3 所示,在表 6.2 中,早高峰信号周期为 118s,在表 6.3 中,晚高峰信号周期为 130s。

表 6.2 优化前早高峰周期、相位相序统计表

交叉口编号	相位相序	绿灯时长	信号周期
万国	东西直行	49	118
	南北直行	11	
	东西左转	40	
	南北左转	18	
新华	东西直行	31	118
	南北直行	27	
	东西左转	31	
	南北左转	29	
五一	东西直行	22	59
	南北直行	11	
	东西左转	18	
	南北左转	8	
南塔	东西直行	23	59
	南北直行	15	
	东西左转	9	
	南北左转	12	

表 6.3　优化前晚高峰周期、相位相序统计表

交叉口编号	相位相序	绿灯时长	信号周期
万国	东西直行	53	130
	南北直行	17	
	东西左转	40	
	南北左转	20	
新华	东西直行	44	130
	南北直行	31	
	东西左转	29	
	南北左转	26	
五一	东西直行	24	65
	南北直行	13	
	东西左转	19	
	南北左转	9	
南塔	东西直行	23	65
	南北直行	21	
	东西左转	15	
	南北左转	6	

由上表可知,万国街、新华街为Ⅰ类交叉口,南塔街、五一街为Ⅱ类交叉口。

(4)短距离交叉口判别:

根据实地调查得到的基础数据,判别相邻交叉口关联度的方法,判断该交叉口为相邻短距离交叉口。验证了该相邻短距离交叉口关联度模型的有效性及协调优化模型的适用性。

6.4.2 控制参数优化

由调查可得,相邻交叉口公共周期时长为130s,Ⅱ类交叉口的周期为65s。考虑道路渠化情况和现状流量、配时,在相邻短距离交叉口的协调优化时,利用遗传算法对模型进行求解,分别求出早、晚高峰时段的协调最优的信号配时方案,如表6.4、表6.5所示。

表 6.4　优化后早高峰周期、相位相序统计表

交叉口编号	相位相序	绿灯时长	信号周期
万国	东西直行	53	130
	南北直行	13	
	东西左转	45	
	南北左转	19	

交叉口编号	相位相序	绿灯时长	信号周期
新华	东西直行	35	130
	南北直行	30	
	东西左转	35	
	南北左转	30	
五一	东西直行	25	65
	南北直行	10	
	东西左转	20	
	南北左转	10	
南塔	东西直行	26	65
	南北直行	20	
	东西左转	8	
	南北左转	11	

表 6.5 优化后晚高峰周期、相位相序统计表

交叉口编号	相位相序	绿灯时长	信号周期
万国	东西直行	59	140
	南北直行	19	
	东西左转	45	
	南北左转	17	
新华	东西直行	49	140
	南北直行	35	
	东西左转	34	
	南北左转	22	
五一	东西直行	23	70
	南北直行	14	
	东西左转	22	
	南北左转	11	
南塔	东西直行	21	70
	南北直行	16	
	东西左转	20	
	南北左转	13	

表 6.6 优化后相位差统计图

交叉口	周期时长	万国	新华	五一	南塔
	C	130	130	130	130
早高峰	C_n^O	——	65	65	——
	C_n^E	——	65	65	——
	$O_{1,n}$	13	15	11	14
	C	140	140	140	140
晚高峰	C_n^O	——	70	70	——
	C_n^E	——	70	70	——
	$O_{1,n}$	14	11	10	12

6.5 VISSIM 仿真及方案对比分析

为了直观地研究交叉口间距、上下游交叉口流量、道路车道数、信号周期、车辆离散性变化对相邻交叉口关联性的影响,利用 VISSIM 仿真软件模拟在改变影响因素条件下控制效果的变化。设计方案如下:

(1)本次选取两个相邻交叉口,基础路网均为双向四车道道路;

(2)交叉口进口道均无拓宽,大小车比例为 0.05:0.95;

(3)仿真过程中无非机动车和行人干扰。

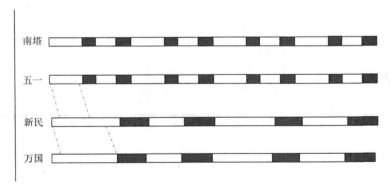

图 6.15 Ⅰ类绿波带宽度示意图

选取适当的多指标评价体系,有利于综合反映交叉口的交通运行状况,因此评价指标的选取是城市交通评价中极为重要的内容。选取的交通信号控制效果的评价指标主要有延误和绿波带宽度,用于评价优化模型的效果。

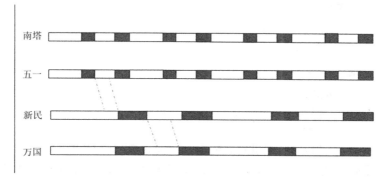

图 6.16　Ⅱ类绿波带宽度示意图

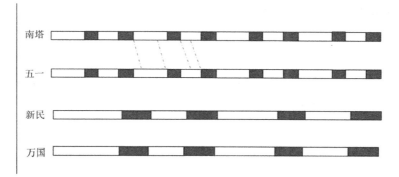

图 6.17　Ⅲ类绿波带宽度示意图

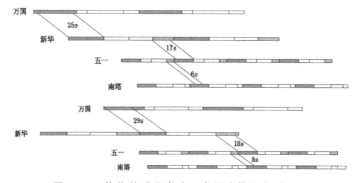

图 6.18　优化前后早高峰三类绿波带宽度对比图

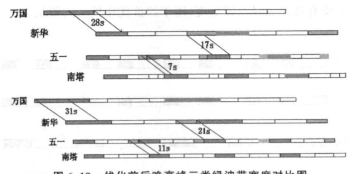

图 6.19　优化前后晚高峰三类绿波带宽度对比图

　　为了更加准确对本章所提出的思路及模型进行效果评价,考虑到延误对道路通行能力的影响,选取车均延误作为评价指标,仿真得到优化前、后两个时段下的延误对比图,如图 6.20 所示。

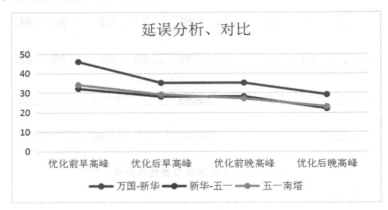

图 6.20　优化前后延误对比图

　　优化后与优化前相比,早、晚高峰期间内,下行方向的协调控制改善效果均优于上行方向。

7　公交车钩形左转弯交叉口自适应信号控制方法提出

本章的研究对象是公交车钩型左转弯交叉口,这一特殊的组织形式使得它与传统的禁左交叉口存在一定差异。传统的禁左交叉口在信号控制方式的选择上大多是定时信号控制,交叉口的四个方向均禁左时仅采用两相位控制即可。在公交车钩型左转弯交叉口中,若采用定时信号控制很大概率会出现车辆排队上溯的现象。而且公交车的到达是随机的,并不是每个周期都会有公交车到达交叉口。基于这种不确定性,最适合的控制方式为自适应信号控制。

目前在关于公交车钩型左转弯自适应控制方法的研究中,仅有陈松提出通过增加全红时间来实现公交车钩型左转弯自适应信号控制。借鉴这种思想,本章将全红时间取消,依据相位来灵活实现公交车钩型左转弯自适应信号控制,最终提出自适应信号控制策略。在交叉口信号控制方案实施的过程中,自适应信号控制的参数以及控制逻辑与感应信号控制几乎是相同的。因此。本章将以感应信号控制为基础研究公交车钩型左转弯交叉口的自适应信号控制。

7.1　交叉口感应信号控制相关理论

7.1.1　感应信号控制基本原理

在感应信号控制中,布设在交叉口进口道的车辆检测器用于实时检测进口道的交通需求,根据变化的交通需求信号机实时调整控制参数。感应信号控制与定时信号控制相比,它可以很快地适应实时变化的交通需求,尽可能地减小车辆在停车线前的停车概率。因此,感应控制可以更好的适应交通量的随机性,尤其是对于交通量波动性较大且无一定规律的交叉口控制效果更佳。

交叉口采用感应信号控制应满足以下条件:

①交叉口交通量波动性较大；

②交叉口饱和度在 0.6 以下；

③交叉口主次路的交通量相差较大。

感应信号控制是一种根据交叉口实际到达的交通量进行实时反馈,根据进口道上布设的检测器收集的车辆信息,通过一定的规则合理分配绿灯时间。感应控制逻辑如图 3.1 所示。

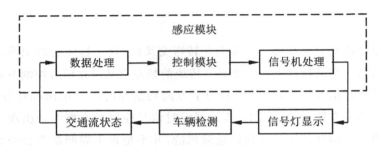

图 7.1 感应信号控制原理

感应信号控制交叉口的信号控制机中会设置一个初始的绿灯时间 g_i,当一个相位绿灯启亮时,信号机首先会先运行一个初始绿灯时间 g_i。当相位的初始绿灯时间运行结束后,如果进口道上的检测器没有检测到有车辆到达,则立即结束当前相位,切换至下一相位。相位的最短绿灯时间 $g_{i,\min}$ 为初始绿灯时间 g_i 与单位绿灯延长时间 g_y 的和。当相位的最短绿灯时间运行结束后,如果检测器检测到车辆到达,则继续延长单位绿灯时间 g_y。当相位已经运行至最大绿灯时间 $g_{i,\max}$ 则切换至下一相位。所以,相位的绿灯时间 g 介于最短绿灯时间 $g_{i,\min}$ 与最大绿灯时间 $g_{i,\max}$ 之间。

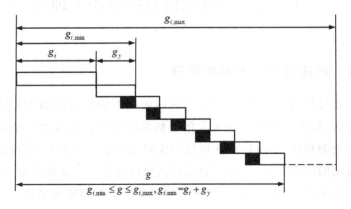

图 7.2 感应信号工作原理

7.1.2　感应信号控制参数

（1）最小绿灯时间

最小绿灯时间是为了确保行人安全过街并保证停在检测器和停车线间的车辆可以全部驶出。在最小绿灯时间运行结束后，检测器开始检测是否有车辆到达并决定是否延长单位绿灯时间。

进口道车辆的车速越高，检测器距离停车线的距离应越远。最小绿灯时间也随之增加。表7.1中为不同检测器位置及不同车速下的最小绿灯时间参考值[45]。

表7.1　最小绿灯时间参考值

进口道车速 （km/h）	检测器与停车线 的距离（m）	最小绿灯时间 （s）	车辆从检测器 行驶至停车线 所需时间(s)
24	12	8	3
32	18	10	3
40	24	12	3
48	30	14	3.5
56	41	18	3.5
64	52	22	3.5

（2）单位绿灯延长时间

单位绿灯延长时间在感应信号控制中起着决定性作用。在相位的最短绿灯时间运行结束后，如果当前相位对应的进口道无车辆到达，则立即切换下一相位。确定单位绿灯延长时间应考虑以下几个因素：

① 检测器与停车线间的全部车辆要在单位绿灯延长时间内安全驶出。检测器与停车线的距离通常为 $30-60\mathrm{m}$，单位绿灯延长时间计算方法为检测器到停车线间的距离除以进口道车辆的平均速度。

② 合理的设置单位绿灯延长时间可避免绿灯浪费从而提高感应控制的效率。单位绿灯延长时间不宜过长也不宜过短，如果单位绿灯时间设置的过长，就会产生绿灯浪费的现象；如果单位绿灯延长时间太短，又会造成车辆无法安全行驶出交叉口。

③ 确定单位绿灯延长时间时应考虑每个进口方向的车道数以及各个进口

道检测器的连接方式。通常一个相位上的所有检测器是连在一起的并且检测器检测到的车头时距要比实际的车头时距要小。

（3）最大绿灯时间

在感应信号控制中，最大绿灯时间是各个相位绿灯时间的极限值。任何相位一旦运行至最大绿灯时间，则需要立即切换到下一相位。最大绿灯时间通常取值为 30－60s。正常情况下，交叉口在运行感应信号控制中不应该经常出现相位运行至最大绿灯时间的情况。这时感应信号控制相当于是定时信号控制。所以，为了避免这种现象，在实际的取值过程中，不能单纯的采用经验值，而是应在研究交通特性的基础上，通过分析交通数据而得到感应信号控制交叉口最大绿灯时间的有效计算方法[46]。

7.2 公交车钩型左转弯交叉口检测器布设

7.2.1 布设检测器类型

本章研究的核心内容是交叉口的自适应信号控制方法，所以本节只针对 2.3 节提出的渠化方案进行研究。本章研究的交叉口四个方向均禁止左转且均设置公交车左转待行区。公交车与直行车流和右转车流行驶在最外侧车道。

为了实现交叉口的自适应信号控制需要在相应车道上布设检测器，根据公交车钩型左转弯的车流特性，交叉口共需设置三种类型的检测器，分别如下：

第一类检测器用来检测交叉口左转待行区内的左转公交车是否排队上溯。该类型检测器设置在公交车行驶车道的停车线后方，距离停车线 2m 处，检测器大小为 4m×2m。如果待行区内的公交车排队上溯，将导致共用车道内的车流不能正常运行。为了避免影响共用车道内的直行右转车流，需要立即切换公交车左转相位。

第二类检测器用于检测左转待行区内是否有公交车到达，该类型检测器设置在待行区内部远离停车线的位置。因为当公交车相位启亮后，并不是所有的公交车都通过停车线，有的公交车会在停车位置处直接左转，检测器设置在停车线远端可以避免出现检测遗漏的现象。

第三类检测器用于检测每个进口道车辆到达情况，检测器大小为 2m×2m，设置在交叉口各个方向的进口车道上。理论上该类型的检测器与停车线间的距离通常在 30m～100m,如果该检测器与停车线之间的距离太长,那么会增大预测误差。在一般情况下,检测器设置在停车线后 40m 处。

公交车钩型左转弯交叉口的检测器布设方案如图 7.3 所示。

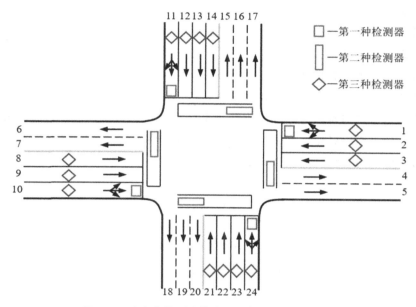

图 7.3　公交车钩型左转弯交叉口检测器布设方案

为方便后续的自适应控制逻辑的表达,在这里对检测器进行编号。具体如表 7.2 所示。

表 7.2　检测器编号及布设位置

编号	检测器类型	布设位置
1	二类	公交车待行区三内
2	二类	公交车待行区四内
3	一类	车道 24 停车线后 2m
4	一类	车道 11 停车线后 2m
5	三类	车道 21,22,23 上,距离停车线 40m
6	三类	车道 12,13,14 上,距离停车线 40m
7	二类	公交车待行区一内
8	二类	公交车待行区二内
9	一类	车道 1 停车线后 2m
10	一类	车道 10 停车线后 2m
11	三类	车道 2,3 上,距离停车线 40m
12	三类	车道 8,9 上,距离停车线 40m

7.2.2 钩形左转弯待行区排队上溯检测方法

在图 7.3 中,第一种检测器设置在交叉口进口道停车线处用来检测待行区内的公交车是否排队上溯。以图 7.3 中的车道 1 为例,当车道 1 内的直行车辆开始通行时,左转公交车驶入交叉口内部的待行区停车等待。当到达的公交车数量达到待行区的最大容量时,后面的公交车将无法继续驶入公交车,那么,公交车就会在车道 1 排队等待。这种情况下,本章设置的第一种检测器将会一直检测到公交车直至下个周期该方向的绿灯启亮。

排队溢出检测器即第一种检测器判别待行区内左转机动车上溯的依据为:在左转公交车相位启亮 t_n 秒后,如果第一种检测器连续 t_m 秒一直被占据,则被判别为待行区内左转公交车排队上溯。t_n 及 t_m 计算方法具体如式 7.1,式 7.2 所示。

$$t_n = N_{ij}/S_{ij} + t_s \tag{7.1}$$

式中:N_{ij}——相位 i 下待行区 j 内停放的公交车数,单位辆;

S_{ij}——相位 i 下待行区 j 内的饱和流率,单位辆/s;

t_s——公交车辆的启动损失时间,单位 s。

$$t_m = t_1 + \Delta t' \tag{7.2}$$

式中:t_1——一辆公交车占据检测器的时间,单位 s;

$\Delta t'$——容错时间,单位 s。

$\Delta t'$ 的取值对于判断待行区内是否排队上溯的精度有着至关重要的影响。如果取值过小,公交车经过检测器的速度变慢时可能会被误判为排队上溯;如果取值过大,将无法及时判别上溯,从而减弱自适应控制的控制效果。

不同交叉口的交通流特性会有很大差异,t_1 和 $\Delta t'$ 的取值应根据现场的调研数据来进行赋值。假设交叉口某进口方向在一定时间内到达公交车的数量为 k,公交车的车头到达检测器的时刻定义为 $n_1, n_2, n_3 \cdots\cdots n_k$,车尾离开检测器的时刻定义为 $m_1, m_2, m_3 \cdots\cdots m_k$。那么每辆公交车占据检测器的时间为 $m_i - n_i$,$i \in N^+$,$i \in [1, k]$。

假设公交车占据检测器的时间呈正态分布,k 辆公交车占据检测器时间的平均值为 $\bar{t}$,标准差为 σ。为准确地使检测器能够识别出绝大部分的公交车,根据概率论中的 3σ 原则,可得出式 7.3,式 7.4:

$$t_1 = \bar{t} = \frac{\sum_{i=1}^{k} (m_i - n_i)}{k} \tag{7.3}$$

$$\Delta t' = 3\sigma = 3\sqrt{\frac{\sum_{i=1}^{k}(m_i - n_i - t_1)^2}{k}} \tag{7.4}$$

继而求得式 3.5

$$t_m = t_1 + \Delta t' = \frac{3\sqrt{k\sum_{i=1}^{k}(m_i - n_i - t_1)^2} + \sum_{i=1}^{k}(m_i - n_i)}{k} \tag{7.5}$$

由上述内容可总结出,在左转公交车相位启亮 t_n 秒后,第一类检测器被公交车占据时间超过 t_m 秒时可以认定为交叉口内的公交车待行区发生了排队上溯。

7.3　公交车钩形左转弯交叉口信号相位设计

一个禁左交叉口在实施公交车钩形左转弯之前,其控制方案是两相位定时信号控制。本章研究的公交车钩型左转弯交叉口是在交叉口的内部四个方向均设置公交车钩形左转待行区,左转公交车进入待行区等待停车并完成左转这一过程需要设置公交车左转专用相位。那么,在交叉口实施公交车钩形左转弯这一组织形式后,交叉口则采用四相位自适应信号控制。公交车钩型左转弯交叉口的四相位分别为:相位一:南北直行;相位二:南北左转(公交车相位);相位三:东南直行;相位四:东西左转(公交车相位)。具体相位图如图 7.4 所示。

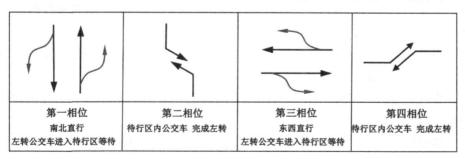

图 7.4　公交车钩型左转弯交叉口信号相位示意图

公交车钩型左转弯交叉口内的车流,非机动车及行人的具体放行方式:当相位一绿灯启亮后,南北方向的直行车辆、右转车辆开始通行,此时在南北方向最外侧混合车道行驶的公交车随直行车流进入到交叉口内部的待行区一、待行区二中停车等待,南北方向的非机动车及行人开始通行;当相位二绿灯启亮后,在待行区内等待通行的公交车开始左转,东西方向行人及非机动车开始通行;当待行区一以及待行区二内的公交车清空后,相位三绿灯被启亮。此时,东西方向的直行辆、右转车辆开始通行,同理,东西方向最外侧混合车道内的公交车随直行车流进入到待行区三及待行区四内等待转弯,东西方向行人及非机动车继续通行;相位四绿灯开始后,待行区三、待行区四内的公交车开始左转。此时,南北方向的非机动车及行人开始通行。在设计待行区的渠化时已经考虑了与行人的安全间距,因此,公交车左转不会与行人发生冲突。具体的公交车钩型左转弯交叉口自适应信号控制流程在后面进行详细说明。

7.4 公交车钩型左转弯交叉口自适应信号控制逻辑设计

交叉口的四个进口方向均禁左,公交车钩形左转弯交叉口在原来两相位信号控制的基础上增加两个公交车左转相位。以前面章节的交叉口渠化方案,图、信号相位方案以及进口道检测器布设方案为例,提出四相位公交车钩形左转弯交叉口信号控制逻辑。

为了方便理解,本章将整个控制流程分成4种情况进行依次说明。

(1)相位一为绿灯的情况

如果当前运行相位为南北直行相位即相位一,对应的自适应控制流程有以下6个步骤。具体如下:

步骤一:相位一是否运行至最小绿灯时间,如果没有,继续延长单位绿灯时间;反之,进入步骤二;

步骤二:判断待行区一、待行区二内是否有公交车到达。如果有,则进入步骤三;如果没有则进入步骤四;

步骤三:通过检测器一检测待行区内的公交车是否排队溢出,如果是则切换相位二;反之,进入步骤五;

步骤四:相位一控制的所有车道连续 Δt 秒内是否有小汽车到达,如果否,切换至相位三;反之则进入步骤六;

步骤五:相位一控制的所有车道连续 Δt 秒内是否有小汽车到达,如果否,切换至相位二;反之则进入步骤六;

步骤六:判断继续延长单位绿灯时间后是否会超过相位的最大绿灯时间,如果否,则延长单位绿灯时间,反之,切换至下一相位。

（2）相位二为绿灯的情况

如果当前运行相位为南北左转相位即相位二，对应的自适应控制流程有以下一个步骤。具体如下：

步骤一：判断待行区一及待行区二内的公交车是否清空，如果是，则切换至相位三，反之，则继续延长单位绿灯时间直至清空待行区内的全部公交车。

（3）相位三为绿灯的情况

如果当前运行相位为东西直行相位即相位三，对应的自适应控制流程有以下 6 个步骤。具体如下：

步骤一：相位三是否运行至最小绿灯时间，如果没有，继续延长单位绿灯时间；反之，进入步骤二；

步骤二：判断待行区三、待行区四内是否有公交车到达。如果有，则进入步骤三；如果没有则进入步骤四；

步骤三：通过检测器一检测待行区内的公交车是否排队溢出，如果是则切换相位四；反之，进入步骤五；

步骤四：相位一控制的所有车道连续 Δt 秒内是否有小汽车到达，如果否，切换至相位一；反之则进入步骤六；

步骤五：相位一控制的所有车道连续 Δt 秒内是否有小汽车到达，如果否，切换至相位四；反之则进入步骤六；

步骤六：判断继续延长单位绿灯时间后是否会超过相位的最大绿灯时间，如果否，则延长单位绿灯时间，反之，切换至下一相位。

（4）相位四为绿灯的情况

如果当前运行相位为东西左转相位即相位四，对应的自适应控制流程有以下一个步骤。具体如下：

步骤一：判断待行区三及待行区四内的公交车是否清空，如果是，则切换至相位一，反之，则继续延长单位绿灯时间直至清空待行区内的全部公交车。

以上则是公交车钩形左转弯交叉口的自适应控制流程，图 7.5 为公交车钩形左转弯交叉口自适应控制的部分逻辑流程图。完整的信号控制逻辑流程图见附录。

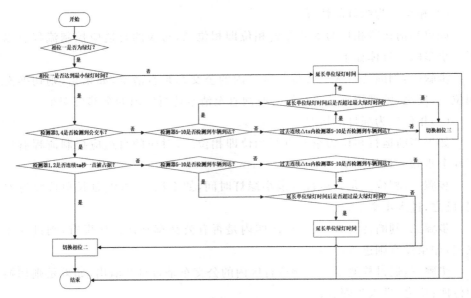

图 7.5　自适应控制逻辑流程(部分)

7.5　公交车钩形左转弯交叉口自适应信号控制参数计算

7.5.1　单位绿灯延长时间

单位绿灯延长时间如果设置合理则会避免出现绿灯浪费的现象从而降低交叉口的车均延误。单位绿灯延长时间与车辆的到达率、检测器的位置等诸多因素有关。本章将提出两种单位绿灯延长时间的计算方法,一种是根据检测器位置及车流行驶特性进行定量分析;另一种则是依据美国道路通行能力手册综合车辆行驶约束因素给出单位绿灯延长时间的计算公式。

前文已提到在单位绿灯延长时间内,检测器与停车线间的车辆要全部顺利通过停车线。由此,单位绿灯延长时间应该满足公式 7.6:

$$g_{y1} = \frac{d}{v} + \sigma \tag{7.6}$$

式中:g_{y1}—单位绿灯延长时间,单位 s;

　　d—检测器与停车线间的距离,单位 m;

　　v—车辆正常状态下的行驶速度,单位 m/s;

σ—车辆的启动延误,单位 s。

检测器与停车线间的距离还需要确保能够清空检测器与停车线间最大的排队车辆数,所以 d 应满足公式 7.7:

$$d = q_{max} \times h \qquad (7.7)$$

式中:q_{max}—检测器与停车线间最大的排队车辆数,单位辆;

h —排队车辆的平均车头间距,单位 m。

这种计算方法简单明了而且在实际应用中便于定量分析,不过其中考虑的因素比较少,精度远远不够。另外一种单位绿灯延长时间的计算方法是根据道路通行能力手册[47]给出的,具体如式 7.8 至式 7.11:

$$g_{y2} = \frac{e^{\lambda(e_0 + t_0 - \Delta h)}}{\varphi q} - \frac{1}{\lambda} \qquad (7.8)$$

式中:g_{y2}—单位绿灯延长时间,单位 s;

e_0—单位损耗时间,单位 s;

t_0—车辆穿过检测器所需时间,单位 s;

Δh—最小车头时距,单位 s;

φ—车辆以自由流行驶的概率;

q—车辆的到达率,单位辆/s;

λ—车道内每秒通过的车辆数,单位辆。

其中

$$t_0 = \frac{0.68(L_a + L_b)}{V_A} \qquad (7.9)$$

式中:L_a—机动车车身长度,单位 m;

L_b—检测器的长度,单位 m;

V_A—车辆的行驶速度,单位 m/s。

$$\lambda = \frac{\varphi q}{1 - \Delta h q} \qquad (7.10)$$

$$\varphi = e^{-b \Delta h q} \qquad (7.11)$$

在式 3.11 中,b 为车辆行驶的约束因素,b 的值应该根据实际情况得出,Δh 和 b 的值详细见表 7.3[48]。

表 7.3　Δh 和 b 的推荐值

	Δh(s)	b
单车道	1.5	0.6
两车道	0.5	0.5
≥三车道	0.5	0.8

以上两种计算单位绿灯延长时间的方法有较大差异,相比于第一种方法,道路通行能力手册给出的方法比较详细,考虑的因素也全面很多。

7.5.2　最小绿灯时间

最小绿灯时间是感应控制中比较重要的控制参数,最小绿灯时间的设置必须考虑到机动车的行驶特性以及行人的过街特性。也就是说在保证清空检测器与停车线间的车辆的同时还需要保障行人安全过街。

交叉口的每个相位都需要设置最小绿灯时间来保证基本的交通量。美国《交通信号设计手册》是根据检测器的位置来确定最小绿灯时间的取值[49],具体如表 7.4 所示。

表 7.4　最小绿灯时间推荐值

检测器与停车线的距离(m)	最小绿灯时间(s)
0—12	8
13—18	10
19—24	12
25—30	14
31—36	16

由表 7.4 可得知交叉口各个进口道的最小绿灯时间参考值,相位 i 的最小绿灯时间应取各个进口道的最小绿灯时间,具体可表示为式 7.12:

$$g_i^0 = \max\{\varepsilon_{i1}, \varepsilon_{i2}, \ldots \varepsilon_{ij}\} \tag{7.12}$$

式中:ε_{ij}—相位 i 下进口道 j 的最小绿灯参考值。

表 7.4 中的最小绿灯参考值是基于大量的经验得到的,但是每个交叉口的交通流到达都是随机的、不确定的,所以完全根据经验值来确定最小绿灯时间并不能够完全适应交叉口车流运行以及行人过街的不确定性。在自适应信号控制中,最小绿灯时间的设置还需要考虑 2 个主要的因素:一是保证行人过街,二是保证检测器与停车线间的车辆全部驶出。

（1）行人安全过街

$g^p_{k,\min}$ 表示信号相位 i 下单个行人穿过人行横道 k 的最小绿灯时间，那么 $g^p_{k,\min}$ 可由式 3.13 计算得出：

$$g^p_{k,\min} = t_r + \frac{L_k}{V_p} \qquad (7.13)$$

式中：t_r——行人过街的最小启动时间，单位 s；

L_k——人行横道 k 的长度，单位 m；

V_p——行人过街步行平均速度，单位 m/s。

式 3.13 中，行人过街最小绿灯时间的计算由两部分组成，一部分是信号灯启亮时行人的反应时间即行人过街的最小启动时间，第二部分是行人正常过街需要的时间。

同一信号相位下可能同时会有不同方向上的行人过街。因此，信号相位 i 下行人过街所需的最小绿灯时间如式 7.14 所示：

$$g^p_{i,\min} = \max_{k \in R}(g^p_{k,\min}) \qquad (7.14)$$

式中：R——信号相位 i 下有行人过街的人行横道的集合。

（2）清空检测器与停车线之间的车辆

为保证检测器与停车线之间的车辆全部驶出，依据机动车排队条件下的车头时距以及相应进口道的饱和流率，信号相位 i 下进口道 j 机动车的最小绿灯时间定义为 $g^c_{j,\min}$，可由式 7.15 计算得出。

$$g^c_{j,\min} = \frac{L_j/L_q}{S_{ij}} \qquad (7.15)$$

式中：L_j——进口道 j 内检测器与停车线间的距离，单位 m；

L_q——车辆排队情况下机动车的平均车头间距，单位 m；

S_{ij}——相位 i 进口道 j 的饱和流率，单位 pcu/s。

信号相位 i 的最小绿灯时间计算公式如式 7.16：

$$g^c_{i,\min} = \max_{j \in W}(g^c_{j,\min}) \qquad (7.16)$$

式中：$g^c_{i,\min}$——信号相位 i 下车辆行驶的最小绿灯时间，单位 s；

W——信号相位 i 下有车辆通行的车道集合。

综上，最小绿灯时间的取值共需考虑 3 个因素，分别是在美国《交通信号设计手册》中根据检测器位置确定的最小绿灯时间；保障行人安全过街的最小绿灯时间；保证清空检测器与停车线间的所有车辆的最小绿灯时间。本章中公交车钩型左转弯交叉口的最小绿灯时间定义为三者中的较大值，如式 7.17 所示。

$$g_{i,\min} = \max(g^0_i, g^p_{k,\min}, g^c_{j,\min}) \qquad (7.17)$$

式中：$g_{i,\min}$——公交车钩型左转弯交叉口相位 i 的最小绿灯时间，单位 s。

7.5.3　最大绿灯时间

最大绿灯时间是为了保持绿信比最佳分布而确定的相位绿灯时间。当绿灯时间运行至最大绿灯时间时，能够强制转换相位从而均衡各相位绿灯时间。

基于感应信号控制的原理，相位绿灯时间分为 2 种情况计算：第一种情况是在初始绿灯时间结束后检测器没有检测到车辆到达，这时相位开始切换，那么此时初始绿灯时间即为相位的绿灯时间；第二种情况下，相位的绿灯时间为初始绿灯时间与单位绿灯延长时间的总和[50]。

交叉口车辆的到达情况分为 2 种。第一种是以车队的形式到达，此时车辆的车头时距较小；第二种是以自由流的情况到达，前车与后车互相不受干扰。车辆到达服从泊松分布时，车辆的车头时距则服从负指数分布。负指数分布以及移位负指数分别适用于有超车行为和无超车行为的单列车流。下面将根据以上两个分布函数计算最大绿灯时间。

根据负指数及移位负指数分布函数，车辆的车头时距 $h > t$ 的概率如式 7.18：

$$P(h > t) = \beta e^{-\frac{t}{h_f}} + (1 - \beta) \frac{1}{h_b - h_{\min}} e^{-\frac{t}{h_b - h_{\min}}} \tag{7.18}$$

式中：h_f——车辆自由流行驶的平均车头时距，单位 s；

$\quad\;\; h_b$——车辆非自由流状态下的平均车头时距，单位 s；

$\quad\;\; h_{\min}$——最小车头时距，单位 s；

$\quad\;\; \beta$——自由流车辆所占的比例。

（1）相位无单位绿灯延长时间

相位的初始绿灯时间运行结束后，如果没有检测到有车辆到达则相位的绿灯时间为初始绿灯时间，即 $g_1 = g_{i,\min}$。这种情况发生的概率如式 7.19：

$$P_1 = P(h > g_y) = \beta e^{-\frac{g_y}{h_f}} + (1 - \beta) \frac{1}{h_b - h_{\min}} e^{-\frac{g_y}{h_b - h_{\min}}} \tag{7.19}$$

式中：g_y——单位绿灯延长时间，单位 s。

（2）相位有单位绿灯延长时间

与第一种情况相反，如果一直检测到有车辆到达，那么需要一直延长相位绿灯时间直至车辆的车头时距大于单位绿灯延长时间为止。由式 7.19 可知车辆的车头时距小于单位绿灯延长时间的概率如式 7.20：

$$P_2 = P(h \leqslant g_y) = 1 - P(h > g_y) = 1 - \beta e^{-\frac{g_y}{h_f}} - (1 - \beta) \frac{1}{h_b - h_{\min}} e^{-\frac{g_y}{h_b - h_{\min}}}$$

$$\tag{7.20}$$

由图 7.2 可以看出,感应信号控制的过程中并不是一个单位绿灯时间刚结束检测器才开始检测是否有车辆到达,也就是说在上一个单位绿灯延长时间还没有运行结束时就检测到有下一辆车到达,然后继续延长一个单位绿灯延长时间。所以实际上,绿灯延长总时间为各个单位绿灯延长时间减去重叠的绿灯时间,具体如式 7.21 所示。

$$g_h = n g_y - \sum_i^n g_c = n(g_y - \overline{g_c}) \tag{7.21}$$

式中:g_h——绿灯延长总时间,单位 s;

$\quad g_c$——各个单位绿灯延长时间之间的重叠时间,单位 s;

$\quad \overline{g_c}$——平均重叠时间,单位 s;

$\quad g_y$——单位绿灯延长时间,单位 s;

$\quad n$——g_h 内到达的车辆数,单位 辆。

这种情况下,相位最大绿灯时间的计算公式如式 3.22:

$$g_2 = g_{i,\min} + g_h \tag{7.22}$$

因此,结合以上两种情况的绿灯时间计算方法以及对应的概率,最终交叉口的相位最大绿灯时间 $g_{i,\max}$ 如式 7.23:

$$g_{i,\max} = P_1 g_1 + P_2 g_2 = P_1 g_{i,\min} + P_2(g_{i,\min} + g_h) \tag{7.23}$$

本节是基于概率分布提出了最大绿灯时间计算模型,模型可用来确定某一相位的实际最大绿灯时间。但由于不同车道的车流到达特性不同,当某一相位中有多个进口道的车辆同时通行时,则需要根据实际的交通量选择一个车道作为主进口道,根据式 7.24 来确定最大绿灯时间,如果各个进口道的交通量差异不大,可以根据各个进口车道的参数平均值来计算最大绿灯时间。

7.6 公交车钩型左转弯交叉口 Webster 延误修正模型

通过之前章节对模型参数修正以及延误增量的研究可总结出公交车钩型左转弯交叉口在待行区发生排队上溯和不发生排队上溯两种情况下的延误有较大区别。因此,本节将分别对待行区内不发生排队上溯和发生排队上溯两种情况进行分析。结合上述考虑的所有因素,提出公交车钩型左转弯交叉口 Webster 延误修正模型。

7.6.1 待行区内不发生排队上溯

当 $P(Q_{jl} \leqslant Q_m)$ 时,待行区内公交车无排队上溯现象发生,此时交叉口内直行车流以及右转车流的运行均不受公交车钩型左转弯的影响,在计算延误时只需额外考虑停车线后移因素即可,所以公交车钩型左转弯交叉口待行区内不发生排队上溯时相位 i 内车道 j 的车均延误可表达为式 7.25:

$$d_{ij1} = P(Q_{jl} \leqslant Q_m) \times \left[\frac{C_{n_m}(1-\lambda_j)^2}{2(1-\lambda_j x_j)} + \frac{x_j^2}{2Q_j(1-x_j)} + \Delta d_1 \right] \quad (7.25)$$

式中: d_{ij1}——车道 j 的车均延误,单位 s;

λ_j——公交车不发生排队上溯时的车道 j 的绿信比, $\lambda_j = g_i/C_{n_m}$。

7.6.2 待行区内发生排队上溯

通过前面对延误增量的研究,本章在提出待行区内公交车发生排队上溯条件下的延误计算模型时将分为两种情况进行阐述。分别为同一相位的两个方向均有公交车到达及仅单方向有公交车到达。以南北直行相位为例,当南北进口方向均有公交车到达时,延误模型中考虑绿信比参数的修正以及停车线后移导致的延误增量 Δd_1 两个因素即可;当仅有南进口或北进口一个方向有公交车到达时,还需要额外再考虑延误增量 Δd_2,这种情况下南进口车辆的车均延误与北进口车辆的车均延误会有所差异。

(1)同一相位下两个方向均有公交车到达

以南北直行相位为例,根据 2.3.2 节对公交车到达特性的研究,可得出南进口有公交车到达的概率为 $P_{S,y} = 1 - e^{-2a\lambda(g_i - \Delta t) - q_{ij}g_i}$,同理可得北进口有公交车到达的概率为 $P_{N,y} = 1 - e^{-2a\lambda(g_i - \Delta t) - q_{ij}g_i}$。因此,交叉口的南北进口方向均有公交车到达的概率如式 7.26:

$$P_d = P_{S,y} \times P_{N,y} = [1 - e^{-2a\lambda(g_i - \Delta t) - q_{ij}g_i}]^2 \quad (7.26)$$

当 $P(Q_{jl} > Q_m)$ 时,待行区内公交车发生排队上溯现象,此时交叉口内的直行车流以及右转车流均会受公交车钩型左转弯的影响。假设公交车排队上溯后相位 i 的绿信比修正后为 λ'_i,那么相位 i 内车道 j 的车均延误可表达为式 7.27:

$$d_{ij2} = P(Q_{jl} > Q_m) \times P_d \times \left[\frac{C_{n_m}(1-\lambda'_j)^2}{2(1-\lambda'_j x_j)} + \frac{x_j^2}{2Q_j(1-x_j)} + \Delta d_1 \right]$$

$$(7.27)$$

式中: d_{ij2}——车道 j 的车均延误,单位 s;

λ'_j——公交车排队上溯后的车道 j 的绿信比, $\lambda'_j = g'_i/C_{n_m}$。

(2)同一相位下仅单方向有公交车到达

同样以南北直行相位为例,假设仅仅有南进口有公交车到达。当仅有南进口有公交车到达时,南进口车道 j 的车均延误可按式 7.27 进行计算。北进口车辆的车均延误计算则还需要考虑延误增量 Δd_2。具体计算如式 7.28 所示。

$$d_{ij3} = P(Q_{jl} > Q_m) \times P_{NS} \times \left[\frac{C_{n_m}(1-\lambda'_j)^2}{2(1-\lambda'_j x_j)} + \frac{x_j^2}{2Q_j(1-x_j)} + \Delta d_1 + \Delta d_2 \right]$$

$$(7.28)$$

本节是以南北进口方向为例,得到的车均延误 d_{ij2} 和 d_{ij3} 同样适用于东西方向车均延误的计算。本章研究的公交车钩型左转弯交叉口的南北方向和东西方向不论是控制逻辑还是参数计算上都是相同的。因此,东西方向延误计算模型在这里不做阐述。

综上,某个周期信号相位 i 下车道 j 的车均延误 D_{ij} 可表达为式 7.29:

$$D_{ij} = d_{ij1} + d_{ij2} + d_{ij3}$$ (7.29)

假设交叉口设置 n 个信号相位,车道共有 k 条。那么,单个信号周期内交叉口的车均延误 D_{n_w} 表达为式 7.30:

$$D_{n_w} = \sum_{i=1}^{n} \sum_{j=1}^{k} (d_{ij1} + d_{ij2} + d_{ij3})$$ (7.30)

本章 $n = 4, k = 24$。

那么,在自适应控制时间段 T 内,交叉口的车均延误计算如式 7.31 所示。

$$D_T = \frac{\sum_{w=1}^{n}(D_{n_w} \times C_{n_w})}{T}$$ (7.31)

7.7 VISSIM 感应信号控制设计及实例仿真验证

为验证 Webster 延误修正模型的正确性和可行性并分析实施公交车钩型左转弯的交叉口运行效益,本章将采用 VISSIM 中的 VAP 感应控制模块进行仿真验证分析,分别进行公交车钩型左转弯自适应信号控制方案仿真,传统禁左交叉口定时信号控制方案仿真。通过对比分析,验证 Webster 延误修正模型的正确性以及实施公交车钩型左转弯这一组织方式的可行性。

7.7.1 VAP 感应控制模块介绍

在 VISSIM 中,感应信号控制需要靠附加模块—VAP 模块来实现,通过 VAP 语言可以实现自定义的感应信号控制方案。在 VISSIM 仿真运行过程中,VAP 模块为 VISSIM 路网解释逻辑控制命令和创建信号控制命令,各类检测器实时采集交通信息并进行逻辑处理。

VisVAP 是 VISSIM 提供给用户的一个便捷工具,通过 VisVAP 编辑逻辑流程图,简化 VAP 的编程工作,可通过 VisVAP 编辑,文件保存为"＊.vv","＊.vv"文件不能 VISSIM 软件识别,需要将"＊.vv"文件转化成为"＊.vap"文件。本章将利用 VisVAP 编辑信号控制逻辑实现公交车钩型左转弯交叉口的自适应信号控制。

与定时信号控制不同,感应信号控制在进行 VISSIM 仿真时,VISSIM 信号控制机需要三个文件才能够正常运行,三个文件包括:"vap216.dll"文件、信号控制逻辑语言"＊.vap"文件以及设置相位相关参数的"＊.pua"文件。VISSIG 模块和 VAP/VisVAP 之间的关系如图 7.6 所示。

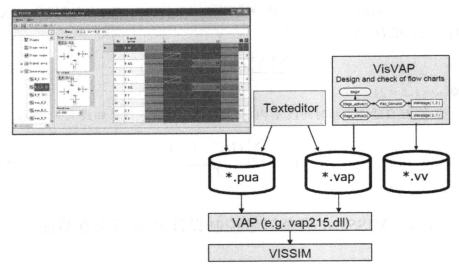

图 7.6 VAP/VisVAP 与 VISSIM,VISSIG 模块的关系

VAP 感应控制仿真一般流程具体如下:
- 建立交叉口或路网,然后输入车辆、设置路径及优先规则等基本信息;
- 根据特定的需求设计感应信号控制逻辑流程图的结构;
- 在 VISSIM 中设置检测器,编辑信号灯组并设置信号相位;
- 创建 ＊.pua 文件,对相位进行自定义并确定相位之间的时间间隔;
- 在 VisVAP 中设计信号控制逻辑流程图并转为 ＊.vap 文件;
- 在 VISSIM 信号灯编辑窗口设置好 ＊.pua 文件以及 ＊.vap 文件后保存运行仿真。

7.7.2　交叉口仿真数据

本章以沈阳市某交叉口为例,交叉口的车道宽度均为 3.5 米,交叉口内部的待行区宽度设置为 3.5 米。图 5.2 中的 A,B 两点分别是东西进口道人行横道最外侧边缘处。实际测得 AB 两点间的距离为 34 米。根据第二章式 2.6 计算出待行区停车线距离 B 处的距离为 5.2 米。设置公交车钩型左转弯后具体的渠化方案如图 7.7 所示。

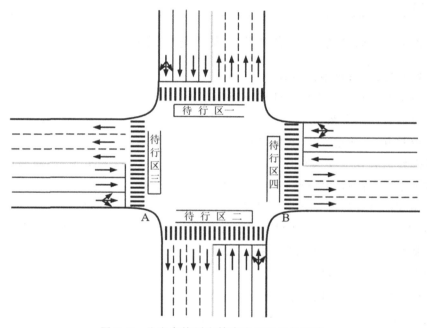

图 7.7　公交车钩型左转弯交叉口渠化方案

在实施公交车钩型左转弯前交叉口采用两相位信号控制,即相位一:南北直行;相位二:东西直行。如图 7.8 所示。

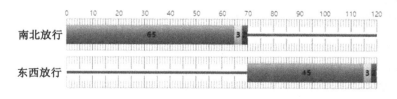

图 7.8　禁左交叉口信号控制方案

公交车钩型左转弯交叉口采用四相位信号控制,自适应信号控制方案在第三章图 3.4 中已做详细介绍,在此不再阐述。本章在数据调研中选择周三的平峰时段及晚高峰时段进行车流量统计。本章对行人及不做研究,因此不考虑任何非机动车的流量。交叉口的交通流量如表 7.5 所示。

表 7.5 交叉口调查车流量(辆/h)

时段	东进口		西进口		南进口		北进口	
	直行	右转	直行	右转	直行	右转	直行	右转
平峰	996	198	824	160	1240	129	1183	142
晚高峰	1249	207	1093	275	1674	176	1603	205

7.7.3 公交车钩型左转弯交叉口与传统禁左交叉口仿真对比

7.7.3.1 仿真相关参数

在交通仿真软件 VISSIM 中模拟两个方案:方案一是传统禁止左转交叉口的定时信号控制方案;方案二是本章提出的公交车钩型左转弯交叉口的自适应信号控制方案,通过 Visvap 模块实现。传统禁止左转交叉口的仿真只需要按照正常操作流程建立交叉口模型,输入车流量,编辑信号控制机等,详细步骤在此不做阐述。下面将详细阐述方案二的仿真过程。

用 VISSIM 软件建立交叉口模型,每个进口道的车辆比例均设置为:小汽车 85%,大型客车 15%。车速设置为 50km/h,进口道的流量按照表 5.1 输入。感应控制参数按照第三章 3.5 节提出的计算公式计算得出。单位绿灯延长时间 g_{y1} 按照式 3.6 计算,检测器与停车线距离为 40m,车辆的启动延误为 2s。最终计算单位绿灯延长时间为 $g_{y1}=4.88s$,取整后最终单位绿灯延长时间为 5s。由式 3.12 至式 3.17 计算得到相位一的最小绿灯时间 $g_{1,min}=20s$,相位三的最小绿灯时间 $g_{3,min}=26s$。在相位二和相位四中均不需设置最小绿灯时间和最大绿灯时间。

根据式 3.19 至式 3.23 计算得出相位一最大绿灯时间为 $g_{1,max}=68s$,相位三最大绿灯时间为 $g_{3,max}=47s$。仿真过程中发现本章提出的公交车钩型左转弯待行区最多可以容纳 2 辆公交车即 $Q_m=2$。

7.7.3.2 Visvap 语言编写

在 VISSIM 中建立交叉口模型,车辆输入、路径决策、优先规则、布设检测器等步骤本章不做说明。在 VAP 感应控制中,首先确定相位的过渡时间,创建 *.pua 文件。本章研究的公交车钩型左转弯自适应信号控制交叉口的 *.pua 文件,如图 7.9 所示。

```
$SIGNAL_GROUPS
$
A    1
B    2
C    3
D    4
$STAGES
$                                        $INTERSTAGE3
Stage_1          A                        Length [s]        : 3
red          B C D                        From Stage        : 2
Stage_2          B                        To Stage          : 3
red          A C D                        $
Stage_3          C                        B  -127 0
red          A B D                        C 3 127
Stage_4          D                        $INTERSTAGE4
red          A B C                        Length [s]        : 3
$STARTING_STAGE                           From Stage        : 3
$                                        To Stage          : 1
Stage_1                                   $
$INTERSTAGE1                              C 3 127
Length [s]        : 3                     A  -127 0
From Stage        : 1                     $INTERSTAGE5
To Stage          : 2                     Length [s]        : 3
$                                        From Stage        : 3
A  -127 0                                 To Stage          : 4
B 3 127                                   $
$INTERSTAGE2                              C  -127 0
Length [s]        : 3                     D 3 127
From Stage        : 1                     $INTERSTAGE6
To Stage          : 3                     Length [s]        : 3
$                                        From Stage        : 4
A  -127 0                                 To Stage          : 1
C 3 127                                   $
                                          A 3 127
                                          B  -127 0
                                          $END
```

图 7.9　VAP 感应控制的 pua 文件

利用 VISSIM 中的 Visvap 模块编辑自适应信号控制逻辑,具体如图 7.10
所示。

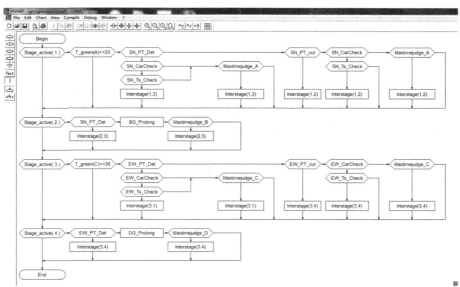

图 7.10　Visvap 感应控制逻辑流程

Visvap 信号控制逻辑流程图中相关参数解释见表 7.6。

表 7.6　控制逻辑中的相关参数解释

EXPRESSIONS	Contents
SN—PT—Det	Detection(3) OR Detection(4)
SN—CarCheck	Detection(5) OR Detection(6) OR Detection(7) OR Detection(8) OR Detection(9) OR Detection(10)
SN—Ts—Check	Headway(5)$\geqslant$ts OR Headway(6)$\geqslant$ts OR Headway(7)$\geqslant$ts OR Headway(8)$\geqslant$ts OR Headway(9)$\geqslant$ts OR Headway(10)$\geqslant$ts
SN—PT—out	Occupancy(1)$\leqslant$tm OR Occupancy(2)$\leqslant$tm
Maxtimejudge—A	T—green(A)$\leqslant$g1—max
BG—Prolong	g2—max:= T—green(B)+gy1
Maxtimejudge—B	T—green(B)$\leqslant$g2—max
EW—PT—Det	Detection(11) OR Detection(13)
EW—CarCheck	Detection(15) OR Detection(16) OR Detection(17) OR Detection(18)
EW—Ts—Check	Headway(15)$\geqslant$ts OR Headway(16)$\geqslant$ts OR Headway(17)$\geqslant$ts OR Headway(18)$\geqslant$ts
Maxtimejudge—C	T—green(C)$\leqslant$g3—max
EW—PT—out	Occupancy(13)$\leqslant$tm OR Occupancy(14)$\leqslant$tm
DG—Prolong	g4—max:= T—green(D)+gy1
Maxtimejudge—D	T—green(D)$\leqslant$g4—max

VisVAP 逻辑编写完成之后将其保存为 ＊.vap 文件,部分如图 7.11 所示。＊.vap 文件的篇幅过长,详细请见附录。

```
CONST
    tm = 4,
    gy1 = 5,
    g1_max = 68,
    ts = 5,
    g3_max = 47;

/* ARRAYS */

/* SUBROUTINES */

/* PARAMETERS DEPENDENT ON SCJ-PROGRAM */

/* EXPRESSIONS */
    SN_PT_Det := Detection(3) OR Detection(4);
    SN_CarCheck := Detection(5) OR Detection(6) OR Detection(7) OR Detection(8) OR Detection(9) OR Detection(10);
    SN_Ts_Check := Headway(5)>=ts OR Headway(6)>=ts OR Headway(7)>=ts OR Headway(8)>=ts OR Headway(9)>=ts OR Headway(10)>=ts;
    SN_PT_out := Occupancy(1)<=tm OR Occupancy(2)<=tm;
    Maxtimejudge_A := T_green(A)<=g1_max;
    BG_Prolong := g2_max:=T_green(B)+gy1;
    Maxtimejudge_B := T_green(B)<=g2_max;
    EW_PT_Det := Detection(11) OR Detection(13);
    EW_CarCheck := Detection(15) OR Detection(16) OR Detection(17) OR Detection(18);
    EW_Ts_Check := Headway(15)>=ts OR Headway(16)>=ts OR Headway(17)>=ts OR Headway(18)>=ts;
    Maxtimejudge_C := T_green(C)<=g3_max;
    EW_PT_out := Occupancy(13)<=tm OR Occupancy(14)<=tm;
    DG_Prolong := g4_max:=T_green(D)+gy1;
    Maxtimejudge_D := T_green(D)<=g4_max;

/* MAIN PROGRAM */
S00Z001:    IF Stage_active( 1 ) THEN
S01Z001:      IF T_green(A)>=20 THEN
S02Z001:        IF SN_PT_Det THEN
S06Z001:         IF SN_PT_out THEN
S07Z001:          IF SN_CarCheck THEN
S09Z001:           IF NOT (Maxtimejudge_A) THEN
S09Z004:            Interstage(1,2)
            END
```

图 7.11 ＊.vap 文件(部分)

在 VISSIM 的信号灯编辑窗口选择完成的 ＊.pua 文件以及 ＊.vap 文件,如图 7.12 所示。保存运行仿真,输出相关参数。

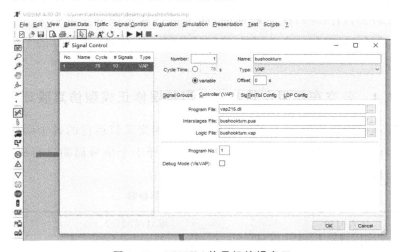

图 7.12 VISSIM 信号机编辑窗口

7.7.3.3 仿真结果分析

通过 VISSIM 仿真输出传统禁止左转交叉口定时信号控制的车均延误以及公交车钩型左转弯交叉口自适应信号控制的车均延误。具体如表 7.7、表 7.8 所示。

表 7.7　传统禁左交叉口车均延误

时段	延误(s)			
	东进口	西进口	南进口	北进口
平峰	32.8	34.2	43.5	44.1
晚高峰	40.7	44.9	52.3	56.4

表 7.8　公交车钩型左转弯交叉口车均延误

时段	延误(s)			
	东进口	西进口	南进口	北进口
平峰	24.4	25.8	34.2	38.9
晚高峰	38.4	40.6	48.7	49.8

结合表 7.7 和表 7.8 来看,交叉口实施公交车钩型左转弯自适应信号控制的控制效果是明显优于传统禁左交叉口的定时信号控制效果。结果表明,实施公交车钩型左转在保证公交车正常运行的同时并没有对交叉口产生不利影响。在平峰期间,实施公交车钩型左转自适应信号控制后交叉口四个进口方向的延误分别有不同程度的降低,东西南北四个进口的延误分别减小了 25.6%,24.56%,21.37%,11.79%;晚高峰期间,四个进口的延误分别降低了 5.65%,9.57%,6.88%,11.71%。由此可见,自适应信号控制在饱和度较低的平峰的控制效果较好。

7.7.4　公交车钩型左转弯交叉口延误修正模型仿真验证

以晚高峰期间为例,在仿真过程中实时得到交叉口运行的各个周期时长以及绿灯时间(黄灯时间 3s)。为了方便验证,选择十个信号周期进行研究,即感应控制时段 T 取值为 1027s。具体如表 7.9 所示。

表 7.9　仿真中各个周期参数

编号	仿真时段（按周期）	绿灯时间(s)			
		相位一	相位二	相位三	相位四
1	108	57	15	30	0
2	120	46	14	32	16
3	88	33	0	29	17
4	113	60	10	29	14

编号	仿真时段（按周期）	绿灯时间（s）			
		相位一	相位二	相位三	相位四
5	86	27	19	31	0
6	122	44	13	38	15
7	123	46	8	40	17
8	71	38	0	27	0
9	88	27	16	36	0
10	108	36	9	35	16

在十个周期中,部分周期内某个进口方向并没有公交车到达,所以相位绿灯时间为0s。在VISSIM中设置仿真时间为1027s,运行后输出交叉口的车均延误值为40.2s。为了验证本章提出的Webster延误修正模型的正确性,首先根据式4.22及式4.23计算十个周期的车均延误,最后与仿真输出的车均延误进行对比即可。交通流量取仿真中各个周期检测到的交通量。由式4.1至式4.23可得出在1027s内各个周期的车均延误分别为:$D_{n_1} = 38.7s$,$D_{n_2} = 34.7s$,$D_{n_3} = 27.9s$,$D_{n_4} = 40.8s$,$D_{n_5} = 30.5s$,$D_{n_6} = 47.9s$,$D_{n_7} = 43.9s$,$D_{n_8} = 27.4s$,$D_{n_9} = 31.7s$,$D_{n_{10}} = 36.2s$。根据式4.23计算车均延误为D_T为36.9s。

通过仿真输出的交叉口的车均延误为40.2s,根据本章提出的延误模型计算得到的车均延误为36.9s,相对误差为8.94%。为了保证结果的科学性,本章将增加三组对比数据,将时间段T分别设置为3个周期316s,5个周期515s,7个周期760s三个区间长度,利用仿真输出三组延误值并与延误修正模型计算得出的延误进行对比,最终三组的相对误差分别为10.45%,12.29%,9.67%。结果表明,仿真输出的延误与利用本章延误模型计算得到的结果较为接近,可以说明本章所提的延误修正模型是可行的。

8 结论与展望

随着城市拥堵问题的不断凸显,采取合理的交通控制手段进行治理显得尤为重要,对交通流状态进行研判,并在拥堵初期加以控制,能够解决被动控制难以从根本上平衡交通压力的问题,对交通系统管理提供必要的支撑。

基于此,本书在充分研究国内外研究成果的基础上,跳出传统交通信号控制方法的局限,提出了三个新兴城市交叉口信号优化控制方法,分别是城市区域交通主动预控制、公交车钩形左转弯交叉口自适应信号控制、相邻短距离交叉口信号协调控制方法,为城市交通拥堵问题提供了新的解决思路,并为后续的研究指明了方向。

8.1 研究结论

8.1.1 城市区域交通主动预控制

采取主动预控制方法,可以将拥堵在交通运行层面从源头加以控制,通过初始控制点的寻找以及其所辐射的范围的确定,在其基础上提出了一整套的控制理论及方法,与传统被动控制的有机结合,实现更加高效的治理。

(1)提出主动预控制的整体控制流程,并指出主动预控制各个模块之间的内在联系,将整套理论体系更完整的呈现,实现拥堵前的预防。

(2)通过交通流数据的采集来判断整体交通的运行趋势,进而开始控制点的选取,并给出控制点的控制起始时刻。以 PI 指标入手去寻找路网中的关键交叉口,依据谱聚类分析去寻找其所需控制阈值,并依据连续滚动时间下的占有率去判断交通拥堵的发生,使控制的初始时间更加精确,实现了主动预控制阈值的确定。

(3)提出预控制所需控制的范围,不单单局限于日常的干线控制,将整体状况趋于同类的交叉口合并为控制子区进行统一考量,在原有子区划分的基础上增加了通行能力的考量,使之与拥堵初期的交通状态更加匹配,在控制子区内可有效地对瓶颈点进行疏散,以达到防止瓶颈扩散转移的目的。

(4)提出瓶颈交叉口的一套控制流程,将交叉口群分为可变周期和不可变周期两种情况,不可变周期常对应线控或区域面控,可变周期通常对应未实行在两种大的情况下对交通子区内不同拥堵情况下给予控制方案,并提出相位相序的变化来进一步缓解交通矛盾,对信控方案的变化增加方案的过渡,使整体方案运行更加平稳,尽量减小对周边交通的影响。

8.1.2　公交车钩形左转弯交叉口自适应信号控制

公交车钩型左转弯交叉口的自适应信号控制方法针对四个方向均禁左的两相位控制交叉口设计了公交车钩型左转的渠化方案、信号相位方案、自适应信号控制逻辑以及自适应信号控制参数的计算方法。结合公交车钩型左转弯的交通特性及自适应控制的随机性对 Webster 延误计算模型加以修正,最后通过仿真对比分析验证了自适应信号控制方法及延误修正模型的可行性和准确性。得出的结论如下:

(1)从交叉口的空间和车流量两个方面入手,以公交车的转弯特性以及车流换道特性等理论为依据,对公交车钩型左转弯的实施条件进行研究。空间条件研究中引入交叉口规模概念,车流量限制条件研究主要考虑了三个因素。基于交叉口的安全特性以及车流的通行效率,对实施公交车钩型左转弯后的交叉口进行交通特性分析。

(2)基于三种类型检测器的布设以及概率论相关理论,提出了待行区内公交车排队上溯的检测方法。针对四个方向均禁左的交叉口设计了渠化方案并提出了四相位自适应信号控制的逻辑流程,确定了相关参数的计算方法。

(3)提出延误离散计算方法,结合公交车钩型左转弯的交通特性提出了适用于自适应信号控制的 Webster 延误修正模型,其中对信号周期以及绿信比两个参数进行重新定义。考虑两种情况的延误增量,最后提出了待行区内公交车发生排队上溯和不发生排队上溯两种情况下的延误计算模型。

(4)验证了延误修正模型的正确性以及本章提出的自适应信号控制方法的可行性。将传统禁左交叉口定时信号控制下的延误与公交车钩型左转弯交叉口自适应信号控制下的延误进行对比。结果表明,本章提出的自适应信号控制方法在保证左转公交车的正常运行的同时能够降低交叉口的车均延误;将仿真输出的延误与应用本章延误模型计算得到的延误对比分析发现本章提出的 Webster 延误计算模型是可行的。

8.1.3 相邻短距离交叉口信号协调控制

本书研究城市相邻短距离交叉口的交通流特性,分析了相邻短距离交叉口不同的周期组合方式下的绿灯启亮、结束时刻表达,车流驶离、到达时刻表达,通过对绿波带宽度和排队长度的分析和计算,建立了基于排队长度限制下的绿波带宽度计算模型,运用遗传算法对相位差、周期时长以及相邻交叉口协调相位绿灯时长进行求解,最后将本模型应用于实际中,设计预防排队溢出的绿波带最大的协调控制方案,对优化前后的控制方案进行对比分析,验证了所提出的优化模型的实用性和有效性。主要的工作如下:

(1)由于目前存在短距离交叉口的界定方法不统一、划分因素选取不合理的问题。本文从交通流和关联影响因素的角度重新分析城市短距离交叉口的特性,提出了基于时变性、随机性的动态关联度方法,以此来判别城市相邻交叉口是否为短距离交叉口。

(2)为统一识别和计算不同的周期组合下的参量。本文设置了统一的时刻表达,将协调相位绿灯启亮、结束时刻和协调车流驶离、到达时刻以时间窗的形式表达,为后续的计算提供依据。

(3)对绿波带宽和排队长度进行计算。通过比较协调相位绿灯启亮、结束时刻与协调车流驶离、到达的时刻确定绿波带的宽度,并根据交叉口类别和控制方式的不同将绿波带宽度划分为三类,并分别计算绿波带的宽度;相邻短距离交叉口的排队长度由队尾剩余排队长度和队首停车排队长度相加可得。

(4)验证模型的有效性。根据实例,分别对比优化前后早晚高峰的协调效果表明,本文所提出的模型不仅在一定程度上可以减少车辆的延误,而且可以增加协调系统的范围,取得较好的控制效果。

8.2 展望

本章在对传统的城市交叉口信号优化控制方法进行了充分研究的基础上,提出了更灵活的信号控制方法,为后续的研究提供参考借鉴作用。由于研究时间有限,本书仍存在一些不足之处需要进一步的研究。

8.2.1 城市区域交通主动预控制

（1）本章主动预控制主要依据瓶颈点的确立控制边界，减小瓶颈点调整对周边的影响，但在区域拥堵边界上可能会出现两个控制子区间相互干扰，本章未对拥堵边界间的干扰做出进一步讨论，后续可以对控制边界间做具体研究；

（2）本章在主动预控制分析相位时，侧重研究传统四相位，单口轮放方式只做了简单提及未做进一步研究，相位上的分析仍然不够灵活，后续会针对不同相位组合形式进行研究，并对其进行验证。

8.2.2 公交车钩形左转弯交叉口自适应信号控制

（1）本章只针对单个交叉口提出了自适应信号控制方案，虽然文中也有考虑上游车辆的影响，但控制方案并没有考虑上下游交叉口的协调，如果能在自适应信号控制的基础上又进行协调控制，那么交叉口的通行效率将会进一步提高。所以在后续的研究中会增加上下游交叉口的协调控制。

（2）本章的自适应信号控制方案仅仅是在最常见的两相位禁左交叉口的基础上提出的，并不适用于所有类型的交叉口，在后续的研究中应进一步完善控制逻辑使其具有普遍适用性。

（3）本章在验证模型的过程中流量数据有限。在后续的研究中，为了更全面地验证本章提出的公交车钩型左转弯交叉口自适应信号控制方法的可行性，可针对不同饱和度的交叉口进行对比分析。

8.2.3 相邻短距离交叉口信号协调控制

（1）本章所提出的相邻短距离交叉口优化研究结果只考虑了车辆延误，并未考虑车辆排队、停车次数及到达交叉口时车辆在车队中的具体位置，后续会增加其它指标进行分析。

（2）本章文中的相邻短距离交叉口类别为双周期的仅为等双周期，未考虑非等双周期的组合情况。因此，在未来的研究中会将双周期交叉口分为等双周期和非等双周期两类，分别和常规相邻短距离交叉口协调控制进行方案对比分析。

（3）本章在考虑信号灯灯色时，为更加清晰的计算绿波带宽度，忽略黄灯不计。但此类假设在实际交叉口中并不常见。

（4）由于本章的研究对象仅为两个相邻的短距离交叉口，在分析绿波带宽度时，侧重于研究上、下行车辆的对称放行方式，并未对交叉口的协调绿波进行研究，后续会对相关连续协调短距离交叉口进行协调控制，并对其进行验证。

参考文献

［1］Greenshields B D，Bibbins J R ，Channing W S ，et al. A study of traffic capacity［C］. Highway research board proceedings，1934.

［2］Francois，Willis. Developing effective congestion management systems ［J］. Federal Highway Administation，1995.

［3］Bremmer D，Cotton K C ，Cotey D ，et al. Measuring Congestion：Learning from Operational Data［J］. Transportation Research Record Journal of the Transportation Research Board，2004，1895(1)：188-196.

［4］美国交通研究委员会. 道路通行能力手册［M］. 北京：人民交通出版社，2007.

［5］Ghosh B ，Basu B ，O'Mahony M . Multivariate Short-Term Traffic Flow Forecasting Using Time-Series Analysis［J］. IEEE Transactions on Intelligent Transportation Systems，2009，10(2)：246-254.

［6］裴玉龙，郎益顺. 基于动态交通分配的拥挤机理分析与对策研究［J］. 土木工程与管理学报，2012，19(3)：95-98.

［7］Kong Q J ，Zhao Q ，Wei C ，et al. Efficient Traffic State Estimation for Large-Scale Urban Road Networks［J］. IEEE Transactions on Intelligent Transportation Systems，2013，14(1)：398-407.

［8］赵红军，冯苏苇. 如何有效地治理北京的交通拥堵——一个考虑环境代价的拥堵收费经济学分析与评估［J］. 城市发展研究，2015，22(12)：101-110.

［9］Moreira-Matias L，Cerqueira V. CJAMmer -Traffic Jam Cause Prediction using Boosted Trees［C］. 19th International IEEE Conference on Intelligent Transportation Systems (ITSC). IEEE，2016.

［10］邢珊珊，谷远利，沈立杰，等. 基于速度的城市快速路交通拥堵预测研究［J］. 交通信息与安全，2016，34(002)：48-54.

［11］熊励，陆悦，杨淑芬. 城市道路交通拥堵预测及持续时间研究［J］. 公路，

2017(11):125-134.

[12]王俊杰,李德敏,张光林,等. 基于 TLSC 的短时交通流预测与拥塞预警算法[J]. 计算机仿真,2019,36(03):177-180+273.

[13]唐智慧,郑伟皓,董维,等. 基于交互式 BP-UKF 模型的短时交通流预测方法[J]. 公路交通科技,2019,36(04):117-124.

[14]王硕,谷远利,李萌,等. 基于混沌理论和 MEA-BPNN 模型的快速路短时交通流预测[J]. 山东科学,2019,032(002):98-107.

[15] Mun Chon Ho, Joanne Mun-Yee Lim, Kian Lun Soon, et al. An improved pheromone-based vehicle rerouting system to reduce traffic congestion[J]. Applied Soft Computing, 2019, 84:105702-105702

[16]李琳娟. 基于车队的城市自适应交通控制方法的研究[D]. 大连理工大学,2008.

[17]肖梅,刘锴等. 基于过街行人检测的路口自适应交通信号控制[J]. 重庆交通大学学报(自然科学版),2016,35(05):120-6.

[18]张伟,周俊杰,胡灵龙. 城市混合交通流单点自适应控制方法[J]. 浙江工业大学报,2018,46(01):72-7.

[19]于泽文. 借道左转对信号交叉口通行能力影响研究[D]. 大连交通大学,2019.

[20]王波,顾金刚,刘洋. 非饱和条件下借道左转交叉口信号配时方法研究[J]. 中国人民公安大学学报(自然科学版),2019:82-86.

[21]吴家明. 信号交叉口借道左转车道运行特性与优化设计[D]. 东南大学,2019.

[22]张弛宇. 移位左转信号控制设置条件与评价方法研究[D]. 重庆交通大学,2019.

[23]杨同祥. 平面交叉口左转交通流交通组织方法适应性研究[D]. 西南交通大学,2016.

[24]高苏. 移位左转交叉口交通组织优化方法研究[D]. 哈尔滨工业大学,2019.

[25]李爱增. 信号交叉口禁左车流交通组织设计[J]. 郑州大学学报,2017,3(02):45-49.

[26]曲昭伟,白乔文,陈永恒. 无专用左转相位十字形交叉口左转导向线计算模型[J]. 吉林大学学报(工学版),2017,47(02):414-419.

[27] 成卫,别一鸣. 基于机动车延误的 Hook-turn 交叉口信号控制方案优化方法[J]. 中国公路学报,2015,28(03):95-101.

[28] Bie Y M,Liu Z Y,Liu L J. Optimization of coordinated signal settings for hook-turn intersections[J]. Journal of Advanced Transportation,2016,50:197-213.

[29] Bie Y M,Cheng S W,Liu Z Y. Optimization of signal-timing parameters for the intersection with hook turns[J]. Transport,2017,32(2):233-241.

[30] Bie Y M,Liu Z Y. Evaluation of a signalized intersection with hook turns under traffic actuated control circumstance[J]. Journal of Transportation Engineering,2015.

[31] Bie Y M,Liu Z Y. Comparison of hook-turn scheme with U-turn scheme based on actuated traffic control algorithm[J]. Transport Science,2015,11(6):484-501.

[32] 王健. 钩形弯交叉口信号协同控制优化方法研究[J]. 山东科学,2020,33(03):110-118.

[33] 陈为杰. 钩形弯左转信号交叉口通行能力分析[D]. 东南大学,2017.

[34] 陈松. 公交车钩形转弯交叉口自适应信号控制方法[J]. 吉林大学学报,2018,48(02):424-429.

[35] 高苏. 移位左转交叉口交通组织优化方法研究[D]. 哈尔滨工业大学,2019.

[36] Joe Bared,Wei Zllallg. Synthesis of the median U-turn intersection treatment,Safety and Operational Benefits,FHWA,2007.

[37] 商振华. 逆向可变车道在城市平面交叉口中的设置方法[D]. 长安大学,2013.

[38] Chowdhury M,Derov N,Tan P. Evaluating the effects of prohibiting left turns and the resulting U-turn movement[J]. Prepared for the Ohio Department of Transportation,2003.

[39] 邢岩. 城市道路交叉口机动车运行特性研究[D]. 吉林大学,2014.

[40] 朱自博. 分离式双左转车流交通特性研究[D]. 吉林大学,2013.

[41] 王京元. 信号交叉口时空资源综合优化实用方法研究[D]. 东南大学,2005.

[42] 刘永远. 西安市公交车专用道规划设计研究[D]. 长安大学, 2015.

[43] 陈曦. 基于交通冲突定量分析的交叉口危险度模型研究[D]. 北京交通大学, 2012.

[44] 肖秀春, 徐建闽. 短距离相邻交叉口信号协调控制模型研究[J]. 公路与汽运, 2011(01): 56-59.

[45] 杨洁, 过秀成, 刘迎, 梁浩. 城市交叉口群信号协调控制范围动态划分方法[J]. 交通运输系统工程与信息, 2014, 14(03): 28-33.

[46] 王轶. 面向城域交通控制的子区划分及信号控制优化方法研究[D]. 兰州理工大学, 2016.

[47] 赵伟明, 王殿海, 戴美伟. 城市路网交通控制方案关联性分析[J]. 公路工程, 2014, 39(06): 56-60.

[48] 王五林, 刘冬梅, 曲大义, 杨晶茹, 周警春. 基于交叉口群关联特性的主路径变向车道控制优化[J]. 青岛理工大学学报, 2018, 39(02): 96-102.

[49] James E. Moore, Paul P. Jovanis. Statistical designation of traffic control subareas[J], 1985, 111(3): 208-223

[50] R. J. Walinchus, TRW Systems Group, Houston. Real-time network decomposition and subnetwork interfacing[J]. Highway Research Record, 1971, 366: 20-28

[51] Edmond Chin-Ping Chang. How to decide the interconnection of isolated traffic signals[S]. San Francisco, 1985

[52] 汪圣伟, 韩印. 网络交叉口群关联性研究[J]. 陕西理工学院学报(自然科学版), 2015, 31(04): 30-35.

[53] 李松林. 短距离交叉口控制方案优化研究[D]. 长安大学, 2018.

[54] 马钧. 城市道路短距离交叉口时空资源优化方法研究[D]. 合肥工业大学, 2010.

[55] 侯永芳. 干线绿波交通信号控制方法研究[D]. 吉林大学, 2015.

[56] 彭国雄, 莫汉康. 诱导条件下交通控制子区自动划分研究[J]. 道路交通与安全, 2001(05): 23-28.

[57] 林晓伟. 基于路网关联度分析的城市路网划分方法研究[D]. 吉林大学, 2017.

[58] 敖谷昌. 城市快速路交通状态特性及关联分析方法研究[D]. 北京交通大学, 2014.

[59] 董婉丽. 城市道路短距离连续交叉口整体通行能力研究[D]. 合肥工业大学，2007.

[60] 赵莹莹. 瓶颈交叉口信号控制方法研究[D]. 吉林大学，2011.

[61] 李萌萌. 预防交叉口排队溢出的交通信号控制方法研究[D]. 哈尔滨工业大学，2015.

[62] 钱喆. 过饱和交通状态下的信号控制关键技术研究[D]. 华南理工大学，2014.

[63] 杨晓芳，芮丽丽. 基于车流无缝衔接的短连线交叉口协调控制方法[J]. 系统工程，2010，28(11)：116-122.

[64] 谷远利，于雷，邵春福. 相邻交叉口相位差优化模型及仿真[J]. 吉林大学学报(工学版)，2008(S1)：53-58.

[65] 马东方. 面向瓶颈路段的城市交通信号控制动态优化方法[D]. 吉林大学，2012.

[66] 林观荣. 协调控制约束下的单交叉口信号优化设计方法研究[D]. 华南理工大学，2019.

[67] 汪金伶. 非等周期条件下干道交通信号协调控制方法[D]. 沈阳建筑大学，2020.

[68] 温惠英，曾钰宸，李硕. 城市信号交叉口左转车流车头时距分布特征研究[J]. 重庆交通大学学报(自然科学版)，2019，38(03)：116-123＋134.